Gotved   Harninkontinenz ist überwindbar

Meinen Enkelkindern

Helle Gotved

Harninkontinenz ist überwindbar

Übungen für den Beckenboden

Übersetzt aus dem Dänischen von Dr. Erika von Herbst
Bearbeitet von Carmen M. Lang

≡ TRIAS THIEME HIPPOKRATES ENKE

Anschrift der Übersetzerin:
Dr. phil. Erika von Herbst
Kielshøj 88
DK-3520 Farum

Umschlaggestaltung und
Konzeption der Typographie:
B. und H. P. Willberg, Eppstein/Ts.

Umschlagzeichnung:
Friedrich Hartmann, Stuttgart
Textzeichnungen:
Liane und Friedrich Hartmann

Die Deutsche Bibliothek –
CIP-Einheitsaufnahme

Gotved, Helle:
Harninkontinenz ist überwindbar :
Übungen für den Beckenboden / Helle
Gotved. Übers. aus dem Dän. von Erika
von Herbst. – 3. Aufl. / bearb. von
Carmen M. Lang. – Stuttgart : TRIAS
Thieme Hippokrates Enke, 1991
    Einheitssacht.: Baekkenbundens
    optraening ⟨dt.⟩
NE: Lang, Carmen M. [Bearb.]

Titel der Originalausgabe:
Baekkenbundens optraening
by Helle Gotved
© 1979 Munksgaard,
Copenhagen/Denmark

© 1983, 1991 Hippokrates
Verlag GmbH,
Rüdigerstraße 14,
D-7000 Stuttgart 30
Printed in Germany
Satz und Druck:
Druckhaus Götz GmbH, Ludwigsburg
(Linotype System 5 [202])

ISBN 3-89373-164-4   2 3 4 5 6

Wichtiger Hinweis:

Wie jede Wissenschaft ist die Medizin ständigen Entwicklungen unterworfen. Forschung und klinische Erfahrung erweitern unsere Erkenntnisse, insbesondere was Behandlung und medikamentöse Therapie anbelangt. Soweit in diesem Werk eine Dosierung oder eine Applikation erwähnt wird, darf der Leser zwar darauf vertrauen, daß Autoren, Herausgeber und Verlag große Sorgfalt darauf verwandt haben, daß diese Angabe dem Wissensstand bei Fertigstellung des Werkes entspricht.

Für Angaben über Dosierungsanweisungen und Applikationsformen kann vom Verlag jedoch keine Gewähr übernommen werden. Jeder Benutzer ist angehalten, durch sorgfältige Prüfung der Beipackzettel der verwendeten Präparate und gegebenenfalls nach Konsultation eines Spezialisten festzustellen, ob die dort gegebene Empfehlung für Dosierungen oder die Beachtung von Kontraindikationen gegenüber der Angabe in diesem Buch abweicht. Eine solche Prüfung ist besonders wichtig bei selten verwendeten Präparaten oder solchen, die neu auf den Markt gebracht worden sind. Jede Dosierung oder Applikation erfolgt auf eigene Gefahr des Benutzers. Autoren und Verlag appellieren an jeden Benutzer, ihm etwa auffallende Ungenauigkeiten dem Verlag mitzuteilen.

Inhaltsverzeichnis

Zu diesem Buch

Die Übersetzung des vorliegenden Buches in meine Muttersprache stellt nur eine Fortsetzung der jahrelangen Beschäftigung mit dem Problem der leider allzuoft schwachen weiblichen Beckenbodenmuskulatur dar. Als ich vor Jahren in der gynäkologischen Praxis meines Mannes zu arbeiten begann, schien Harninkontinenz unter den Patientinnen kein sehr häufiges Leiden zu sein, und es dauerte ziemlich lange, bis mir klar wurde, daß es zwar vorhanden war, aber verschwiegen wurde, und dies nicht nur aus Schamgefühl, sondern hauptsächlich auch aus der Einstellung heraus, daß sich dagegen nichts machen ließe – außer einer Operation, die man solange wie möglich vermeiden wollte.

Nicht zu verbergen waren hingegen die verschiedenen Formen von Organsenkungen und Gebärmuttervorfall, die auch mit einem zu schwachen Beckenboden zu tun haben. Einer Aufforderung zu »Kneifübungen« von seiten des Arztes schienen die wenigsten Frauen nachkommen zu können. Ein Gefühl der Macht- und Hilflosigkeit und des Nichthelfenkönnens begann auch von mir selbst Besitz zu ergreifen, bis zu jenem Tag, an dem ich mit dem Buch von HELLE GOTVED Bekanntschaft machte. Hier fand ich eine plausible Erklärung für diese seltsame Problematik, hier wurden diese »verborgenen Muskeln« anschaulich vor Augen geführt, hier fand sich eine gut durchdachte Anleitung, wie man sie in den Griff bekommen und trainieren konnte! Augenblicklich beschloß ich, den Leiden, die ich an so vielen Patientinnen hatte sehen müssen, bei mir selbst und vielen anderen Frauen so gut wie möglich vorzubeugen, den bereits Betroffenen Mut einzuflößen, die Selbstheilung energisch anzugehen. Selbst wo eine Operation unvermeidlich geworden ist, weil der Prozeß zu weit fortgeschritten ist, ist die Frau, die vorher und nachher fleißig trainiert, besser gestellt.

Als wichtigste Botschaft dieses Buches erscheint mir die Aufforderung, daß wir Frauen die Probleme mit unserer Beckenbodenmuskulatur als unsere eigenen erkennen sollen, daß wir selbst es sind, die Schäden sowohl vorbeugen, sie ausbessern wie auch heilen können. Darum wendet es sich an *alle* Frauen in allen Altersstufen, denn auch vorhandene Kräfte müssen gepflegt werden, um erhalten zu bleiben.

Die routinemäßige Kontrolle des Zustandes und der Funktion der Beckenbodenmuskulatur dürfte bei keiner gynäkologischen Untersuchung fehlen. Ich hege die Hoffnung, daß Beckenbodenübungen in Zukunft so selbstverständlich werden mögen wie das tägliche Zähneputzen – jedenfalls erscheint es mir ebenso wichtig, lehr- und durchführbar. Und damit will ich allen Leserinnen der deutschen Ausgabe und dem Verlag guten Erfolg wünschen.

Dr. Erika von Herbst

Frauenprobleme und das
»Gesetz der Verschwiegenheit«

Das »Gesetz der Verschwiegenheit« lautet: »Ein Problem existiert nicht, wenn man nicht darüber spricht.«

Das ist zwar ein bequemer Ausweg, aber er hat auch zur Folge, daß das Problem nicht gelöst wird. Wenn Schwierigkeiten ständig geleugnet werden müssen, dann möglicherweise deshalb, weil sie etwas Diskriminierendes an sich haben. So ist es auch im vorliegenden Fall. Das Problem, um das es geht, ist die Harninkontinenz. Falls Sie nicht wissen, was damit gemeint ist, dann ist das unter anderem auf das Gesetz der Verschwiegenheit zurückzuführen.

Ein Erwachsener kommt in große Verlegenheit und durchlebt kindliche Schamgefühle, wenn ihm etwas im wörtlichen Sinn »in die Hose« geht. Es ist entwürdigend für einen älteren Menschen, zu einem entmündigten Wesen degradiert zu werden, für dessen persönliche Hygiene andere zu sorgen haben.

Weil es mit einem Gefühl der Scham verbunden ist, ist es auch so demütigend für eine erwachsene Frau, ihrem Arzt zu gestehen, daß sie sich die Hosen naß macht – das klingt wie ein privates Geständnis. Auch die Wortwahl spielt hier eine gewisse Rolle; es fällt einer Patientin möglicherweise leichter zu sagen, daß sie leider an Inkontinenz leide und über diese Fehlfunktion beraten werden möchte.

Kurz gesagt: das Thema dieses Buches ist die Inkontinenz (unfreiwilliges Harnlassen) bei Frauen; es geht allerdings auch um deren Verheimlichung, die entstehende Diskriminierung und die Demütigung im Alter.

Das vorliegende Buch will das Schweigen über dieses Thema brechen, die Diskriminierung abstellen und die Demütigung beenden. Es enthält außerdem eine praktische Anleitung zur Lösung des Problems. Diese besteht zum einen darin, daß man lernt, den Druck auf die Blase zu mindern, und zum anderen in einem Training der Muskulatur des Beckenbodens. Die Beckenbodenmuskulatur ist ein wichtiger Faktor, sowohl in bezug auf die Inkontinenz als auch hinsichtlich sexueller Probleme.

≡ Harninkontinenz

Bei einem gesundheitspädagogischen, interdisziplinären Kurs in meinem Gymnastikinstitut im Sommer 1977 erhob sich die Frage, ob man sich in pädagogischer Hinsicht genügend um das Training des Beckenbodens bei Frauen kümmere. Von medizinischer Seite aus wurde vorgebracht, daß der Bedarf an einem solchen Training enorm sei. Die Inkontinenz sei ein derart weit verbreitetes Problem, daß es angemessen wäre, Beckenbodenübungen als festen Bestandteil in den Gymnastikunterricht zu integrieren und sie nicht bloß in Kursen für Frauen anzubieten, die gerade entbunden haben.

Den Gymnastiklehrerinnen wird man ihr mangelndes Wissen auf diesem Gebiet verzeihen müssen. Sie sind selbst wahrscheinlich rundherum so wohltrainiert, daß sie das Problem persönlich gar nicht kennen, und sie können sich nicht ohne weiteres vorstellen, wie sehr ihre Schülerinnen eines Spezialtrainings für die Beckenbodenmuskulatur bedürfen. Und das Besondere an diesem Problem ist ja gerade, daß es verschwiegen wird: Die Schülerinnen lassen kein Wort darüber fallen, weil sie sich schämen.

Um mir über das Ausmaß und die verschiedenen Aspekte des Problems mehr Klarheit zu verschaffen, habe ich es u. a. mit Hilfe von Fragebogen untersucht, die von 500 Teilnehmerinnen an Gymnastikkursen der GOTVED-Schule beantwortet wurden. (Das Alter der Teilnehmerinnen lag zwischen 20 und 80 Jahren. Sie stammten aus allen Gesellschaftsschichten, und ihre einzige Gemeinsamkeit war der Wunsch nach einer besseren körperlichen Kondition.)

Daß man das Problem ernst nehmen muß geht deutlich aus den folgenden Zahlen hervor:

In der Altersgruppe der 20- bis 30jährigen Frauen litten 17% an Inkontinenz.
In der Gruppe der 40- bis 50jährigen waren es 33%.
In der Gruppe der 50- bis 70jährigen waren es 21%.
In der Gruppe der 70- bis 80jährigen waren es 9%.

Wenn die Zahlen in den höheren Altersgruppen abnehmen, dann ist der Grund hierfür vermutlich darin zu suchen, daß die älteren Teilnehmerinnen den Gymnastikunterricht dann nicht mehr besuchen, wenn sie sich aufgrund ihrer Inkontinenz nicht mehr trauen zu laufen, zu hüpfen usw. Deshalb kann die Statistik der GOTVED-Schule kein repräsentatives Bild von der Zunahme der Inkontinenz im Alter geben.

Um das Bild zurechtzurücken, habe ich die Auskünfte aus den Fragebögen in diesem einen Punkt – in allen anderen Bereichen ist dieses Material nicht in die Statistik eingegangen – ergänzt durch Gespräche mit Abteilungsleitern verschiedener Pflegeheime für Ältere (nicht Kranke) und erhielt dabei folgende Zahlen:

- Auf einer »leichten« Abteilung (mit nicht-senilen alten Menschen) litten 48% an Inkontinenz.
- Auf einer »schweren« Abteilung (mit senilen alten Menschen) waren es 86%.
- Auf einer Abteilung mit den Ältesten (Durchschnittsalter 88 Jahre) waren es 91%. (Von diesen trug ein Viertel einen Katheter, der Rest Windeln.)

Die Situation wird also mit zunehmendem Alter immer bedrohlicher!

Daß das Problem vorhanden ist, ist klar – doch was ist die Ursache? Und warum sehen es so viele als eine Fügung des Schicksals an und finden sich damit ab?

Wenn man die Frage nach den Ursachen stellt, muß man sich darüber im klaren sein, daß der Körper der Frau ungünstige konstitutionelle Bedingungen aufweist. Wenn man diesen Umstand in der Körpererziehung nicht berücksichtigt, kann man vielleicht nichts anderes erwarten, als den bedauerlichen Zustand, den die obigen Zahlen belegen.

Wenn sich so viele mit ihrer Inkontinenz abfinden, liegt der Grund vielleicht darin, daß die Inkontinenz auch von vielen Ärzten als schicksalhaft angesehen wird.

Es gibt zwei verschiedene Formen von Inkontinenz:

Die **Streßinkontinenz** ist die am häufigsten vorkommende Art. Sie tritt bei plötzlicher Druckerhöhung in der Bauchhöhle auf. In einem grundlegenden Buch über Nieren- und Harnleitererkrankungen (Nephrourologie) steht zu lesen: »Ca. 50% aller Frauen lassen bei Husten usw. kleine Mengen Harn.« Bei dieser Form der Inkontinenz kann durch *intensives Training* Abhilfe geschaffen werden; deshalb wendet sich dieses Buch ausschließlich an Frauen, die an Streß-Inkontinenz leiden.

Die **Urge-Inkontinenz** (auf Seite 43 beschrieben) entsteht durch Störungen des Nervensystems oder Reflexstörungen anderen Ursprungs.

≡   Infektionen

Im Zusammenhang mit der Inkontinenz treten auch Blasenentzündungen auf – sie sind eine häufige Erscheinung bei Frauen. In vielen Fällen handelt es sich um eine Infektion, die auf dem Weg über die Harnröhre entsteht, weil Bakterien dort leicht Eingang finden. Als weitere Ursache für Infektionen wird auch eine ungenügende Entleerung der Blase angegeben.

Liegt ein Gebärmuttervorfall vor (vgl. Abb. 21, Seite 47), dann kann eine vollständige Entleerung der Blase erschwert sein. Ursache für einen Gebärmuttervorfall kann ein erschlaffter Beckenboden sein. Im allgemeinen verlieren die Muskeln ihre Fähigkeit, sich zu regenerieren, auch im Alter nicht. Die Schädigungen des Beckenbodens können jedoch so umfassend und das Gewebe so stark degeneriert sein, daß eine Rehabilitation nicht mehr möglich ist und daß ein operativer Eingriff notwendig wird.

Man kann zwar Fehlfunktionen beheben, eventuell vorhandene Infektionen müssen jedoch vorher behandelt werden. Voraussetzungen dafür sind die gewöhnliche Hygiene im WC, Sorgfalt bei der Entleerung der Blase und zweckmäßige Bekleidung (auch warme Füße).

Es mag durchaus beruhigend sein, daß Infektionen medikamentös behandelt werden können und daß tüchtige Chirurgen sorgfältige Operationen durchführen; aber die Macht der Gewohnheit läßt uns glauben, daß alles dem Arzt zur Reparatur überlassen werden soll. Hier geht es in erster Linie darum, daß die Frau selbst die Einsicht und den Willen zur Vorbeugung haben muß.

☰ Das schwache Geschlecht

Man kann Frauen mit Recht »das schwache Geschlecht« nennen, zumindest wenn es sich – wie hier – um den Beckenboden handelt, da dessen Konstruktion bei der Frau weniger stabil ist als beim Mann. Zum einen ist der Durchmesser des weiblichen Beckens größer (Abb. 1), damit ein Kind hindurchtreten kann, zum anderen ist der Beckenboden an drei Stellen unterbrochen: durch Mastdarm, Scheide und Harnröhre; der männliche Beckenboden hingegen ist nur an zwei Stellen unterbrochen. Darüber hinaus soll der weibliche Beckenboden dem wachsenden Druck während der Schwangerschaft Widerstand leisten können und der gewaltsamen Erweiterung während des Geburtsvorganges standhalten, die manchmal zu Schädigungen führt. Schließlich treten in den Wechseljahren hormonelle Veränderungen ein, die die Durchblutung vermindern und das Gewebe verringern.

Darüber hinaus hat die Frau insofern einen schweren Stand, als die Probleme der Inkontinenz und des weiblichen Beckenbodens von der Fachwelt bagatellisiert werden. Es gibt zwar inzwischen viele Ärztinnen, aber die Lehrbücher werden immer noch von Männern geschrieben (ebenso die anatomischen Atlanten).

Dieser ganze Themenbereich ist also aus verschiedenen Gründen als Frauensache zu betrachten. Wir sollten uns nicht unbedingt auf

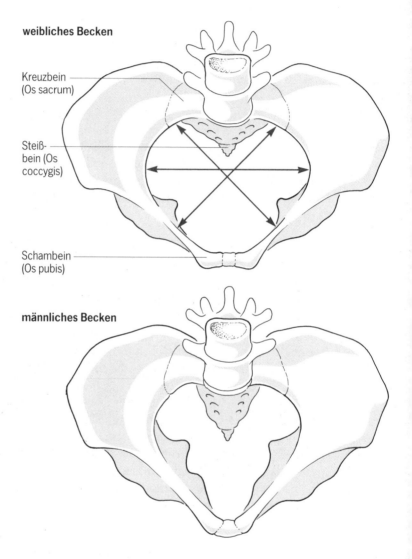

weibliches Becken

Kreuzbein
(Os sacrum)

Steiß-
bein (Os
coccygis)

Schambein
(Os pubis)

männliches Becken

Abb. 1

die Aussagen männlicher Spezialisten in der Frauenheilkunde verlassen. Sie mögen zwar im Besitz außerordentlich großen Wissens sein, aber es liegt in der Natur der Sache, daß sie die Dinge, um die es hier geht, nicht am eigenen Leib erfahren können.

Frauen müssen ihre Erfahrungen am eigenen Körper machen.

Die Statistik zeigt, daß sich 28% der Frauen mit Inkontinenz-problemen an einen Arzt gewandt hatten: 50% von ihnen wurden operativ oder medikamentös behandelt. 33% bekamen den Rat, den Beckenboden zu trainieren. Aber 17% der Frauen wurde bloß auf die Schulter geklopft mit einer Bemerkung wie: »Damit müssen Sie sich abfinden«, oder: »Das ist leider ein sehr verbreitetes Leiden.«

Die Frauen müssen in weit höherem Maß als bisher die Verant-wortung für ihre Probleme selbst übernehmen. Die Inkontinenz ist als ernsthaftes Risiko anzusehen, aber wir sollten uns gleichzeitig darüber im klaren sein, daß sie dann, wenn der Wille vorhanden ist, auch bekämpft werden kann.

Die Inkontinenz hat eine gesellschaftliche Bedeutung, sowohl unter ökonomischen als auch unter hygienischen Aspekten; doch die allergrößte Bedeutung kommt wohl dem sozialen und ethischen Aspekt zu. Inkontinenz bedeutet für die Älteren einen *Verlust an Würde;* und die psychischen Leiden, die dieser Verlust nach sich zieht, dürfen nicht unterschätzt werden. Daran sollte man denken, wenn ältere Menschen im Krankenhaus mit einem Blasenkatheter* behandelt werden. Er stellt eine Erleichterung sowohl für den Patienten als auch für das Pflegepersonal dar. Die momentane Erleichterung kann den Patienten jedoch teuer zu stehen kommen, weil durch den Katheter die normale Funktion der Blase außer Kraft gesetzt wird und das Risiko einer bleibenden Funktionsstörung (Inkontinenz) besteht, wenn nach der Entfernung des Katheters keine Anleitung für ein Rehabilitationstrai-ning gegeben wird.

Ganz allgemein gesehen ist es also notwendig, daß das Wissen um die Problematik der Inkontinenz weiteste Verbreitung findet und ein Training rechtzeitig durchgeführt wird, damit wir ein verfeinertes Körpergefühl erwerben, ein Verständnis für die Funktionen, ein diffe-renziertes Muskelgefühl und mehr Kraft.

---

* Ein Blasenkatheter ist ein dünner Gummischlauch, der in die Harnröhre einge-führt wird, so daß Harn ohne Mitwirken des Patienten abläuft.

Es gibt also genug Gründe, an das Verantwortungsgefühl aller Personen zu appellieren, die im Gesundheitswesen oder mit der »Leibes-Erziehung« beschäftigt sind. Daß ein entsprechender Unterricht nicht nur im Zusammenhang mit Entbindungen geboten ist, soll mit einer statistischen Zahl begründet werden: 27% der Frauen aus der Inkontinenzgruppe hatten *niemals* geboren.

≡ Wochenbettgymnastik

Die Einführung der Schwangerschafts- und Wochenbettgymnastik war eine dankenswerte Initiative; die tatsächlichen Verhältnisse zeigen allerdings, daß dieser Unterricht den Bedarf nicht deckt und einer Ergänzung bedarf. So benötigen Frauen, die nicht geboren haben, offensichtlich ebenfalls Unterricht; zum anderen kann man davon ausgehen, daß Frauen die geboren haben, noch über das Wochenbett hinaus Unterricht nötig haben. Möglicherweise ist auch die Zeit unmittelbar nach einer Entbindung nicht besonders günstig, um ein zufriedenstellendes Unterrichtsresultat zu erzielen, denn Muskeln, die gerade einer gewaltsamen Ausdehnung ausgesetzt waren, lassen sich nicht so leicht koordinieren. Was die Motivation der Patientin anbelangt, ist der Zeitpunkt jedoch gut gewählt, weil der Beckenboden nach einer Entbindung im Bewußtsein ist und man freier über die damit zusammenhängenden Probleme spricht, weshalb einige Frauen zweifellos ein gutes Resultat erzielen. Patientinnen, die z. B. nach einem Dammriß genäht wurden, können ihre Muskeln jedoch nicht kräftig genug zusammenziehen, und sie trauen sich auch nicht; andere wiederum haben vielleicht nicht die physischen oder psychischen Kraftreserven, um sich dieser Aufgabe ernsthaft anzunehmen.

Bei Nachuntersuchungen konnte man feststellen, daß höchstens bei einer von fünf Frauen, die zur »8-Wochen-Untersuchung« nach einer Geburt kommen, der Beckenboden in einem guten Zustand ist. Bei zwei Frauen ist die Qualität der Beckenbodenmuskulatur mittelmäßig, bei zwei Frauen ist sie schlecht. Die meisten der betroffenen Frauen glauben, daß Kneifübungen, die über einen Zeitraum von 2−3 Wochen durchgeführt werden, das Problem lösen.

≡ Geschlechtsleben

Die Rehabilitation, d. h. die Kräftigung eines schlaffen Becken-
bodens ist auf mehrere Ziele ausgerichtet. Wenn man die sogenannten
Kneifübungen durchführt, zieht sich der gesamte Beckenboden zusam-
men. Das bedeutet, daß sich das Kneifen sowohl auf die Harnröhre als
auch auf die Scheide auswirkt – es nützt also in mehrfacher Hinsicht.
Die Stärke der Beckenbodenmuskulatur ist für sämtliche Organe im
Becken, für den Kreislauf und die Atmung und nicht zuletzt für den
Geschlechtsverkehr von Bedeutung.

ELAINE MORGAN schreibt in ihrem Buch »Der Mythos vom
schwachen Geschlecht« über den Orgasmus: »DR. KEGEL
war Gynäkologe; er arbeitete an dem Problem des unfreiwilligen Harnlassens in Belastungssituationen – ein Leiden, das in schweren Fällen
oft chirurgisch behandelt wurde. KEGEL entdeckte, daß dieses Leiden
auf eine weniger dramatische Weise durch eine Reihe von Übungen
behoben werden konnte, wenn die Muskeln, die die Scheidenwände
umgeben und an ihnen ansetzen, gekräftigt wurden. Diese Übungen
befreiten seine Patientinnen nicht nur vom unfreiwilligen Harnlassen,
sondern schenkten ihnen darüberhinaus einen unerwarteten Bonus:
Einige Frauen berichteten spontan, daß sich ihre sexuelle Reaktionsfä-
higkeit und Befriedigung erhöht hatte – einige erlebten zum ersten Mal
in ihrer Ehe einen Orgasmus.«*

---

* Siehe auch: Gotved, Beckenboden und Sexualität. TRIAS 1991.

Körpergefühl entwickeln

Bevor wir nun zum eigentlichen Training übergehen, stellen sich noch folgende Fragen:

– Wieviel Wissen ist notwendig?
– Wie erreicht man ein Muskelgefühl im Beckenboden?
– Welche Übungen sind dafür geeignet?
– Womit soll man beginnen?

Diese Fragen will ich versuchen zu beantworten.

Wer an Inkontinenz leidet, ist meist daran interessiert, mehr darüber zu erfahren, wie die betroffenen Organe beschaffen sind und wie sie funktionieren. Mitunter bereitet einem das sogenannte »Ärztelatein« Schwierigkeiten; es ist also gut, die medizinischen Ausdrücke zu kennen, damit in der Sprechstunde keine Minderwertigkeitsgefühle entstehen. Wie schon erwähnt, bedeutet es für die Patientin ein intimes und persönliches Geständnis, wenn sie sagen muß, daß sie in die Hose macht, wohingegen sie ganz sachlich erklären könnte, sie leide bedauerlicherweise an Inkontinenz.

Um die funktionellen Zusammenhänge besser verstehen zu können, ist es immer günstig, sich Abbildungen anzusehen. Das Wichtigste ist jedoch, daß man empfinden und damit die Vorgänge erleben kann.

Persönlich ziehe ich eine Kombination aus exaktem Wissen über die bestehenden Verhältnisse (Anatomie und Funktion) einerseits und der Empfindung (sowohl in den Fingerspitzen als auch in dem entsprechenden Muskel) andererseits vor.

≡ Raumgefühl und Muskelempfindung

Um den Beckenboden als einen Teil des gesamten Rumpfes erfassen zu können, kann man beim Knochengerüst anfangen. Dieses läßt sich zum einen auf Abbildungen betrachten, zum anderen können Sie ihm an sich selbst nachspüren.

Sie können Ihren beweglichen Brustkorb spüren; Sie können Ihre Hände an die Hüften legen und den festen Beckenknochen spüren, der wie eine Schüssel die inneren Organe trägt und stützt; Sie können die Wirbelsäule als eine bewegliche Verbindung zwischen Becken und Brustkorb erleben.

Die Muskeln, die die Wände des Rumpfes umgeben und dadurch einen Hohlraum bilden, können Sie ebenfalls fühlen. Schwieriger ist es jedoch, einen Begriff von den innen liegenden Muskeln zu bekommen, die man weder sehen noch berühren kann: das Zwerchfell, das die Decke der Bauchhöhle bildet (Abb. 2) und die Muskeln im Beckenboden, die den Boden des Bauchraumes bilden (Abb. 23, 24, 25, Seite 49ff).

≡ Decke und Wand

In der Abbildung des Brustkorbes (Abb. 2) ist die vordere Hälfte der untersten Rippen, sind Herz und Lungen entfernt, so daß man sehen kann, wie sich das Zwerchfell in die Brusthöhle hinauf wölbt. Unser Leib ist innen gewissermaßen in zwei Stockwerke eingeteilt: oben ist die Brusthöhle, in der sich Lungen und Herz, umschlossen von den Rippen, befinden, unten liegt die Bauchhöhle mit den Verdauungs- und Fortpflanzungsorganen. Getrennt werden die beiden Räume durch das Zwerchfell – einen großen, flachen Muskel, der rundherum an der untersten Kante der Rippen befestigt ist. Er wölbt sich in Ruhelage in die Brusthöhle hinein – ungefähr so wie eine umgedrehte Waschschüssel. In der Mitte des Zwerchfells befindet sich eine Sehnenplatte, von der nach allen Richtungen hin Muskelfasern ausstrahlen. Wenn sich diese Fasern zusammenziehen, wird die »Waschschüssel« abgeflacht; sie drückt dadurch auf den Bauchinhalt, verdrängt und verschiebt ihn. Entspannt sich das Zwerchfell, nimmt es wieder seine kuppelförmige Stellung ein, und der Bauchinhalt kehrt in seine ursprüngliche Lage zurück.

Sie sollen jetzt die Decke und die Wände der Bauchhöhle spüren. Zu diesem Zwecke müssen Sie sich auf den Rücken legen – die Knie gebeugt und die Fußsohlen auf dem Boden. Nun greifen Sie mit

Zwerchfell
(Diaphragma)

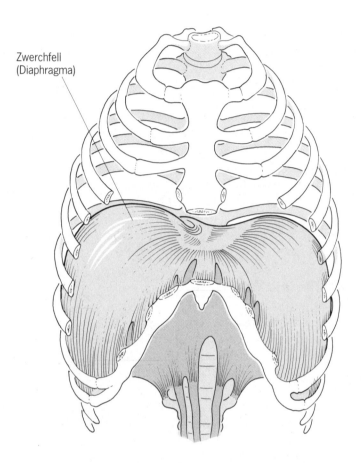

Abb. 2

den Händen an die unterste Rippenkante und spüren, wie Sie ohne zu atmen willkürlich den Brustkorb erweitern können, indem Sie die Rippen heben und auseinander spreizen, so daß das Zwerchfell mit nach oben folgt – unterstützt von den Muskeln in der Bauchwand, die aktiv nachschieben (Abb. 3). Das bedeutet, daß Sie den Bauch so kräftig wie möglich einziehen sollen.

Halten Sie unterdessen mit Hilfe des Zwerchfells und den vorne gelegenen Bauchmuskeln den Atem an. Diese Bewegung hat nichts mit der normalen Atmung zu tun; sie ist nur ein Experiment, um den Raum der Bauchhöhle und dessen Veränderbarkeit hinsichtlich seiner Form erleben zu können.

Abb. 3

Abb. 4

Daran schließt sich das umgekehrte Verfahren an: Das Zwerchfell soll hinuntergedrückt werden, während die entspannten Muskeln rundherum nachgeben, so daß sich der Bauch vorwölbt. Die Flanken bewegen sich nach außen und die Lenden nach unten (Abb. 4). Diesen Vorgang können Sie besonders deutlich wahrnehmen, wenn Sie die Hände unter die Lenden schieben (Handflächen nach oben, die Fingerspitzen stoßen unter der Wirbelsäule aneinander, die Daumen greifen seitlich hoch).

Wir werden dieses bewußte Empfinden der Muskeln später in unserer Beziehung zum Beckenboden brauchen. Im Moment sollten Sie ein Gefühl für die Stempelbewegung bekommen, bei der das Zwerchfell abwechselnd geschoben und von den Vorderseitenmuskeln und Rippenhebern hochgezogen wird, um sich danach wieder aktiv nach unten zu bewegen, während die anderen Muskeln passiv nachgeben. Sie können diesen Vorgang sowohl ganz langsam, mit großem Bewegungsausschlag, als auch sehr schnell, wie einen kleinen Wellenschlag, durchführen: »das innere Wellenschlagen«. Beide Übungen sollten jeweils 10 Sekunden dauern – solange können Sie leicht den Atem anhalten.

Außer dem Muskelgefühl sollten Sie auch die Druckänderung in der Bauchhöhle wahrnehmen – den Unterschied zwischen dem Druck nach unten und dem Sog nach oben. Das ist eine alte Yoga-Übung und somit nichts Neues – *alles* ist schon früher einmal verwendet worden. Der Zweck dieser Übung ist der, zum einen den inneren Organen eine kräftige Bewegung zu verschaffen, zum anderen den Kreislauf anzuregen und darüberhinaus die mitwirkenden Muskeln zu stärken, während man – als Vorbereitung für die eigentlichen Beckenbodenübungen – Erfahrungen mit seinem Körper macht.

Den Atem sollen Sie deswegen anhalten, weil der angehobene Brustkorb und die zur gleichen Zeit eingezogene Bauchwand sowohl die Einatmungs- als auch die Ausatmungshaltung repräsentieren und deshalb nichts mit der Atmungsfunktion zu tun haben können. Es handelt sich bei dieser Übung um eine rein willkürliche Handlung.

≡ Boden

Im folgenden wollen wir unsere Aufmerksamkeit dem Boden der Bauchhöhle zuwenden. Die *Ähnlichkeit* zwischen Beckenboden und Zwerchfell besteht darin, daß beide keine Gliedmaßen, sondern Weichteile bewegen und daß sie sich auf einen Mittelpunkt hin zusammenziehen. Der *Unterschied* besteht darin, daß sich der Boden beim Zusammenziehen nach *oben* bewegt, wohingegen die Decke (das Zwerchfell) nach *unten* sinkt.

Wenn eingeatmet wird, zieht sich das Zwerchfell zusammen und flacht ab. Wand und Boden sind entspannt und geben nach. Bei der Ausatmung entspannen sich die Atemmuskeln, und das Zwerchfell kehrt in seine Ausgangsstellung zurück. Der Bauchinhalt kann sein Volumen nicht ändern, er kann aber verlagert werden. Wenn die Atemmuskulatur beim Ausatmen bewußt angespannt wird und sich zusammenzieht, wird das Zwerchfell passiv nach oben bewegt. Wenn das Zwerchfell hingegen aktiv nach unten gedrückt und die Atemmuskulatur ebenfalls in Spannung gehalten wird, während man den Atem anhält, entsteht ein Druck gegen den Beckenboden. Wenn der Boden Widerstand leistet, bildet die Bauchhöhle einen festen Block (Schutz beim Heben von schweren Gegenständen). Beachten Sie die Empfindung des Druckes auf den Beckenboden (Bauchpresse). Wird er entspannt, gibt er nach – und wenn er zu schwach ist, gibt er zur Unzeit nach. Aus diesem Grund sollen Sie die Beckenbodenmuskulatur bewußt anspannen, wenn Sie etwas aufheben und etwas Schweres tragen.

Sie sollten sich auch darüber im klaren sein, daß der Beckenboden durch übertriebene Verwendung der Bauchpresse *geschwächt* werden kann. So ist es unter anderem auch aus diesem Grunde wichtig, die Verdauung in Ordnung zu halten, weil man dann nicht mehr »pressen« muß als nötig. Wer an chronischer Verstopfung leidet, täglich pressen und sich anstrengen muß, um den Darm zu entleeren, wird auf die Dauer seinem Beckenboden schaden, weil dessen Muskeln übermäßig belastet und gedehnt werden (zu Hämorrhoiden siehe Seite 64).

Der Beckenboden erfüllt verschiedene Aufgaben. Er trägt und stützt die inneren Organe. Ein schwacher und schlaffer Boden kann die Ursache dafür sein, daß sich die Organe des Unterleibes senken. Aber auch ein angespannter Beckenboden kann den Organen schaden. Der Beckenboden soll bei der Darmentleerung nachgeben und die Ausgangspforte danach wieder fest schließen können. Die höchste Beanspruchung erfährt der Beckenboden bei einer Entbindung und in der darauffolgenden Wiederherstellungsperiode. Der Zustand des Beckenbodens ist außerdem ein nicht unwesentlicher Faktor für das Geschlechtsleben (Seite 17 und 49ff), und schließlich hat er eine gewisse Funktion für den gesamten Atemablauf.

Nun wollen wir ein wenig genauer auf das Empfinden des eigentlichen Beckenbodens eingehen. Wenn Sie nochmals Abbildung 1 betrachten, dann sehen Sie die gesamte Öffnung des Beckens nach unten hin. Nach hinten gelegen sehen Sie das Steißbein, nach vorn das Schambein – die Sitzbeinhöcker können Sie nicht sehen, aber Sie können Ihre eigenen spüren. Wenn Sie sich auf Ihre Handflächen setzen, dann spüren Sie deutlich die abgerundeten Höcker in der Mitte der Sitzfläche.

Die Ärzte teilen den Beckenboden in zwei Regionen ein: Ziehen Sie in Gedanken eine Linie zwischen den beiden Sitzbeinen. Die Region, die davor liegt, heißt Regio urogenitalis, und das Gebiet, das dahinter liegt, Regio analis. Die Dinge, die Sie an sich selbst erspürt haben, prägen sich Ihnen viel stärker ein, und ich möchte deshalb vorschlagen, daß Sie sich nun hinlegen und die Abgrenzung zwischen dem Beckenknochen und dem Beckenboden genau wahrnehmen.

Am besten legen Sie sich auf den Rücken; winkeln Sie die Knie an und stellen Sie die Füße flach auf den Boden. Selbst wenn Ihnen die Sitzbeinhöcker beim Sitzen wohlvertraut sind, wirken sie jetzt anders, wenn die Höcker nach vorne gerichtet und unbelastet sind.

Betasten Sie den untersten Teil (das Ende) des Kreuz- und Steißbeins und folgen Sie so weit wie möglich den Knochenrändern. Beachten Sie auch wie breit das Schambein ist. Auf diese Weise bekommen Sie einen Begriff vom festen Rahmen der Muskeln des Beckenbodens.

Es gibt eine Möglichkeit, bei der man – vielleicht zu seiner eigenen Überraschung – die Bewegung der Beckenbodenmuskeln erleben kann: Man bohrt die Daumen von oben her hinter die Kante des Schambeins (das wird Ihnen allerdings nur bei ganz entspannten Bauchmuskeln gelingen). Spannen Sie nun den Beckenboden an und achten Sie darauf, wie er »zubeißt«.

Man kann auf ganz unterschiedliche Weise nach den Beckenbodenmuskeln fahnden; deshalb könnte es ganz nützlich sein, den umgekehrten Weg einzuschlagen, indem man sich klarmacht, was *nicht* Beckenboden ist. So kann man z.B. die Gesäßmuskeln und die Adduktoren der Oberschenkel (= Muskeln, die die Beine schließen) anspannen und entspannen und feststellen, daß *diese* nicht der Beckenboden sind, sondern in dessen nächster Umgebung liegen.

In Fachkreisen wurde darüber diskutiert, inwieweit es zweckdienlich ist, die Beckenbodenmuskulatur isoliert zu trainieren, oder ob es besser wäre, die großen Muskeln, die sie umgeben, mit einzubeziehen. Die Forderung nach einem isolierten Training hat den Sinn zu gewährleisten, daß man den Beckenboden spüren kann und darüber hinaus ein richtiges Gefühl für dessen Muskulatur entwickelt. Nach Aussage von Gynäkologen werden die Beckenbodenmuskeln oft mit den Gesäßmuskeln verwechselt. Obwohl die Innervation (nervliche Versorgung) der Gesäßmuskeln und Oberschenkeladduktoren theoretisch nichts mit der Innervation des Beckenbodens zu tun hat, kann man dennoch davon ausgehen, daß eine gewisse »Anstekkung« stattfinden kann, weil in verschiedenen Situationen ein gemeinsames Funktionsmuster zu sehen ist.

Das Training des Beckenbodens kann damit beginnen, daß man die in der nächsten Umgebung liegenden Muskeln als Hilfsmuskeln verwendet. Auf folgende Weise kann jeder für sich selbst in Erfahrung bringen, wie die Wirkung ist:

Legen Sie sich mit gestreckten, gekreuzten Beinen auf den Rücken (Abb. 5). Wenn Sie die Außenseite der Füße gegeneinander pressen, können Sie gleichzeitig eine Spannung in den Gesäßmuskeln erzielen; vielen hilft diese Übung auch dabei, den Beckenboden anzuspannen, insbesondere dessen nach hinten gelegenen Teil mit dem Ringmuskel des Afters.

Eine andere Ausgangsstellung (Abb. 6) ist die mit geschlossenen, gebeugten Knien und leicht auseinandergestellten Füßen. Nun drückt man die Knie mit Hilfe der Adduktoren (Teil der Oberschenkelmuskeln) leicht aneinander und die Lenden auf den Fußboden. Gleichzeitig hebt man die Rippen, so daß sich die untere Kante des Brustkorbes erweitert und das Zwerchfell nach oben gezogen wird.

Nun möchte ich Sie bitten, außerdem den Beckenboden gleichsam mit hinauf zu *saugen;* gleichzeitig sollten Sie versuchen, die Öff-

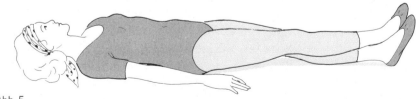

Abb. 5

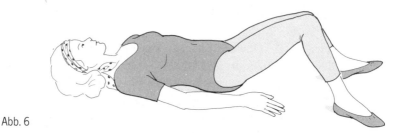

Abb. 6

nungen zusammenzuschnüren. In dieser Stellung bekommt man auch den vorderen Teil des Beckenbodens am leichtesten in den Griff und kann die Muskeln um Scheide und Harnröhre besser zusammenziehen.

Wenn sich das Muskelgefühl allmählich bessert und Sie den Unterschied zwischen Gesäßmuskeln und Adduktoren erkennen, können Sie selbst feststellen, ob Sie auch den Beckenboden wahrnehmen.

Im Fragebogen, bei der statistischen Erhebung, lautete eine der Fragen, ob man deutlich zwischen dem Kneifen um die Harnröhre und dem um die Scheide unterscheiden könne. In der Gruppe der Inkontinenten beantworteten 23% diese Frage mit »ja«; in der Restgruppe waren es 40%. Diese Zahlen zeigen deutlich den Unterschied zwischen den beiden Gruppen hinsichtlich ihres »Muskelbewußtseins«; sie zeigen allerdings auch, daß es schwierig ist, die Beckenbodenmuskeln deutlich wahrzunehmen; dies gilt auch für die Frauen, die nicht unter Harninkontinenz leiden.

Man kann im Stehen eine Kombination der beiden Ausgangsstellungen einnehmen: man kreuzt die Knöchel und preßt gleichzeitig die Knie zusammen. Dadurch können sowohl die Gesäßmuskeln als auch die Adduktoren angespannt werden. Diese Stellung wird als sehr »geschlossen« empfunden; bei den meisten ruft sie vermutlich eine körperliche Erinnerung an eine Notsituation wach! Aber es fällt Ihnen sicher subjektiv leichter, den Beckenboden zu lokalisieren und anzuspannen, wenn der Rahmen rund um das Zentrum des Geschehens gespannt ist. Kinder pflegen ganz spontan diese *Notstellung* einzunehmen (Abb. 7), wenn Gefahr droht.

Abb. 7

Vielleicht ist es schwierig, die Beckenbodenmuskeln zu finden und zu fühlen, d.h. Impulse dorthin zu senden, wenn der Druck von oben zu groß ist. Um aber üben zu können, müssen Sie in der Lage sein, Ihre Muskeln zu koordinieren – der Druck muß also zuerst herabgesetzt werden.

Darüber werden Sie im nächsten Kapitel lesen können.

Kräftigung der Beckenbodenmuskulatur

Die Inkontinenz ist zunächst auf eine Fehlfunktion zurückzuführen. Zusätzliche und verstärkende Ursachen einer solchen Fehlfunktion können – wie schon erwähnt – Schädigungen durch eine Geburt, altersbedingte Veränderungen, Infektionen und anderes mehr sein. Eine gute funktionierende Muskulatur ist die Basis für Kontinenz, und *deshalb darf die Bedeutung eines Trainings nicht unterschätzt werden.*

Voraussetzung eines jeden Trainings ist von Anfang an die Koordination. Der Impuls muß »ins Schwarze treffen« können; das stellt sich allerdings immer als schwierig heraus, wenn es sich um Muskeln handelt, die man nicht sehen kann und die aus diesem Grund schwer zu erfassen sind. Außerdem zeigen unsere Erfahrungen, daß ein zu hoher Druck im Becken (siehe Seite 33ff.) das Empfindungsvermögen für die Beckenbodenmuskulatur beeinträchtigen kann.

In der ärztlichen Sprechstunde liegt es nahe, daß man ganz konkret vorgeht. Ein Frauenarzt, der bei einer Kontrolluntersuchung seiner Patientin rät, den Beckenboden zu trainieren und ihr Instruktionen geben will, kann z. B. seine Hand mit leichtem Druck auf die Muskulatur legen und sagen: »*Dies* ist der Muskel, den Sie zusammenziehen sollen.« Die Patientin kann somit *spüren,* was sie wo zusammenziehen soll und erhält dadurch eine Hilfe zur Steuerung ihrer Muskeln.

Wenn Sie nun wissen wollen, ob der Zustand Ihres Beckenbodens zufriedenstellend ist, kann der Arzt einen Finger in die Scheide einführen und feststellen, ob Sie imstande sind, den Finger festzuhalten (und damit auch die Harnröhre zusammenzuklemmen). Das können Sie übrigens auch selbst versuchen; ebenso können Sie beim Geschlechtsverkehr feststellen, ob Sie imstande sind, das männliche Glied fest zu umschließen. Der Gynäkologe hat die Möglichkeit der objektiven Beurteilung durch das Perinometer. Dieses Meßgerät wird in die Scheide eingeführt, wobei die Kontraktionen (Anspannung der Muskeln) der Beckenbodenmuskulatur auf einen Meßapparat übertragen und ihre Intensität auf einer Skala abgelesen werden können.

Wird auf die Beckenbodenmuskulatur ein Druck ausgeübt, so läßt sich mit dessen Hilfe das Gebiet lokalisieren. Man kann sich z. B. im Reitersitz auf einen Schemel setzen, und zwar zunächst in einer leicht zusammengesunkenen Haltung (Abb. 8), wobei sich der Druck hauptsächlich gegen den hinteren Teil des Beckenbodens richtet. Dadurch wird dieser leichter beeinflußbar, und man kann so die Afterregion zusammenziehen. Versuchen Sie es eben jetzt, während Sie lesen, so kräftig wie möglich, und halten Sie 5–10 Sekunden lang aus. Entspannen Sie doppelt so lange.

Danach sitzen Sie leicht nach vorn gebeugt (Abb. 9), so daß sich der Druck gegen den vorderen Teil des Beckenbodens richtet; diese Haltung erleichtert das Erspüren und Anspannen der Muskulatur, die Harnröhre und Scheide umgibt. Spannen Sie auch jetzt so kräftig an, wie Sie können, und halten Sie die Spannung so lange wie möglich. Entspannen Sie wieder doppelt so lange.

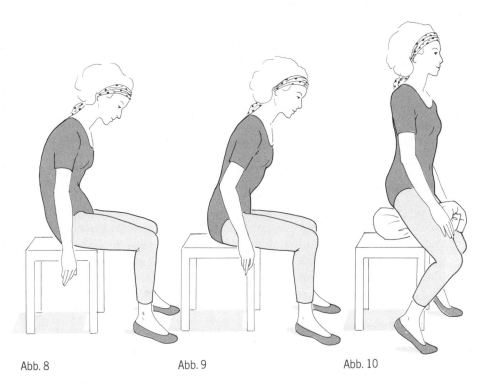

Abb. 8   Abb. 9   Abb. 10

Sie können es auch im Reitersitz mit einer festen Kissenrolle auf dem Schemel versuchen (Abb. 10). Spüren Sie, wie Sie die ganze Muskulatur des Beckenbodens kräftiger anspannen können, wenn sich ein gestalteter Widerstand bietet, um den sich die Kräfte sammeln können.

Für Ihr tägliches Training müssen Sie selbst sorgen, und glücklicherweise können Muskeln niemals die Fähigkeit verlieren, sich trainieren zu lassen. Als weitere Tatsache gilt, daß Passivität den Muskeln schadet, und es ist nicht einzusehen, warum die Muskeln des Beckenbodens nicht mit derselben Sorgfalt behandelt werden sollen wie solche Muskeln, die Gelenke bewegen.

Es ist eine Selbstverständlichkeit, daß die Muskeln des Bewegungsapparates nach einer erzwungenen Ruhepause möglichst schnell wieder aktiviert werden; das gilt jedoch offenbar nicht, wenn es sich um den Schließmuskel der Harnröhre handelt, der aufgrund eines Katheters künstlich außer Funktion gesetzt wurde. Ein entsprechendes Training überläßt man der Eigeninitiative des Patienten.

Sie können sich darauf verlassen, daß es möglich ist, die Beckenbodenmuskulatur zu trainieren. Wie Sie gerade vorhin gelesen haben, ist es in erster Linie eine Frage der Koordination, und Sie können den Schließmuskel der Harnröhre lokalisieren, wenn Sie, wie auf Seite 45 beschrieben, vorgehen.

Um den Beckenboden wirksam trainieren zu können, ist es auch wichtig, das Prinzip des Kräftetrainings zu kennen und anzuwenden. Das bedeutet, daß eine Muskelkontraktion eine maximale Stärke haben muß, um wieder aufbauend zu wirken. Man muß also mehr Kraft aufwenden, als man zu haben glaubt, und länger durchhalten, als man imstande zu sein meint. Und danach soll doppelt so lange vollständige Entspannung herrschen. Der Muskel wird in der Ruhepause aufgebaut und deshalb ist es so wichtig, diese einzuhalten.

Die Erklärung für die vielen unbefriedigenden Trainingsresultate liegt oft darin, daß die Patientin zwar angewiesen wird, eine bestimmte Anzahl an Kneifübungen durchzuführen – z. B. 50mal am

Morgen und 50mal am Abend. Das Entscheidende ist jedoch nicht die *Anzahl* der Kneifübungen, sondern deren *Qualität.*

Wenn Sie ganz sicher sein wollen, daß Sie Ihre Zeit nicht mit unzweckmäßigen Trainingsversuchen vergeuden, können Sie zu einem Gynäkologen gehen und die Stärke und Ausdauer der Beckenboden-muskeln messen lassen. Auf der Grundlage dieses Meßergebnisses können Sie eine ganz persönliche und gründliche Instruktion für ein geeignetes Vorgehen beim Training bekommen. Nach einem angemes-senen Zeitraum können Sie das Resultat durch neuerliche Messungen kontrollieren lassen.

Ein sehr wirksames Training des Beckenbodens läßt sich auf einem Fahrradsattel ausführen, weil er durch seine Form einen perfek-ten Gegendruck leistet. Wenn man seinen Muskelsinn testet, indem man die Füße auf den Pedalen ruhen läßt, die Gesäßmuskeln und die Adduktoren der Oberschenkel bewußt entspannt, wird man eine direkte Antwort darauf erhalten, wo die Beckenbodenmuskeln sind und wie stark sie sind.»Beißen« Sie mit allen Kräften um den Sattel herum und halten Sie so lange wie möglich aus.

Am Gegendruck kann man spüren, daß die Muskelspannung sowohl hebend als auch sammelnd wirkt, und man erzielt ein wirklich effektives Training, weil man in dieser Situation ein Maximum an Kraft einsetzen kann.

Da nicht alle die Gelegenheit haben, ihr Training auf einem Fahrradsattel zu praktizieren, kann man statt dessen mit den Händen einen Gegendruck erzeugen:

Stehen Sie aufrecht mit etwas Abstand zwischen den Füßen und schauen Sie auf Ihre Handflächen – deren Breite paßt gerade, um den Beckenboden damit zu bedecken. Decken Sie ihn mit der rechten Hand von vorne ab und mit der linken von hinten, so daß die Finger die Sitzhöcker erreichen können. Die rechte Hand drückt fest gegen das Schambein – die linke gegen das Kreuzbein (Abb. 11). Drücken Sie mit Ihren Händen kräftig nach oben, so daß die Knochenvorsprünge des Beckens fest gestützt werden; spannen Sie nun die Muskulatur mit

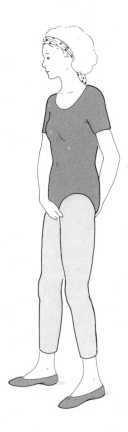

Abb. 11

aller Kraft und so lange Sie dazu imstande sind. Entspannen Sie danach vollständig, so daß sich der Boden wieder nach unten abflacht.

Der Druck im Becken
und die Venenpumpe

Eine Inkontinenz kann auf verschiedene Weise beseitigt werden. Das gelingt zum einen dadurch, daß der Beckenboden gestärkt wird, zum anderen durch eine Minderung des Druckes, der von oben kommt. Erfahrungsgemäß ist es leichter, die Beckenbodenmuskeln zu »finden«, wenn der Druck im Becken zuvor herabgesetzt wird; das können Sie jetzt gleich auf eine leichte Art feststellen.

Sehen Sie sich Abbildung 12 an und stellen Sie sich in derselben Haltung hin – zusammengesunken und mit vorgeschobenem Unterleib. Das ist eine schlechte Haltung – der Boden ist überlastet. Wenn Sie jetzt versuchen zu kneifen, werden Sie vielleicht merken, daß Sie dazu gar nicht in der Lage sind – Sie können mit den Muskeln nicht in Kontakt kommen.

Stellen Sie sich so hin, wie Abbildung 13 zeigt, und versuchen Sie wieder zu kneifen. Achten Sie auf den Unterschied! Er ist überraschend.

Die Belastung ist von ganz besonderer Bedeutung, und deshalb spielt die Körperhaltung eine große Rolle. Wenn man für einen Stadtbummel elegant angezogen ist und hohe Absätze trägt, wird man dazu gezwungen, eine Haltung einzunehmen, die den Beckenboden belastet; man muß deshalb öfters auf die Toilette gehen, als wenn man frischfröhlich mit flachen Absätzen dahinwandert.

Der Druck im Beckenboden kann auf verschiedene Weise herabgesetzt werden: Wenn Sie auf der Straße plötzlich in eine Notsituation geraten, dann hilft es, wenn Sie sich unverzüglich vornüber beugen, so daß die Verhältnisse in der Bauchhöhle auf den Kopf gestellt werden und der äußere Druck dadurch vermindert wird. Sie müssen eine Weile vornübergebeugt stehen bleiben und Interesse für Ihren Schnürsenkel oder ähnliches vortäuschen; machen Sie ein paar Kneifübungen (Situationsverstärkung) und versuchen Sie das Zwerchfell zu heben, wie es auf Seite 19f. besprochen wurde. Das wirkt als *Venen-*

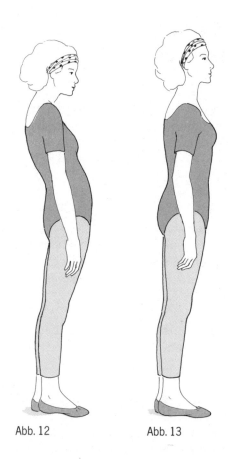

Abb. 12   Abb. 13

pumpe, und in dieser Haltung – wenn die Bauchhöhle über Herzhöhe liegt – wird der Rücklauf des venösen Blutes noch erleichtert, so daß der Druck in der Bauchhöhle herabgesetzt wird. Der Begriff »Venenpumpe« beschreibt die Funktion der Muskeln dann, wenn das Blut zum Herzen zurücktransportiert werden soll.

Wenn Sie sich nun gleichzeitig selber einreden, daß in der Blase Platz genug ist und es gar nicht notwendig ist, sie jetzt zu leeren, so daß die Vorstellung vom Entleerungsprozeß verschwindet, dann wird *das* auch helfen.

Das waren Ratschläge für den Augenblick, aber auf lange Sicht gesehen kann man die Belastung verringern und die Verhältnisse verbessern, indem man dafür Sorge trägt, ein angemessenes Gewicht zu halten und die Verdauung in Ordnung zu bringen sowie vor allem dadurch, daß man den Druck im Becken (den intrapelvinen Druck) niedrig hält.

Dieser Druck entsteht, weil der Mensch mit seinem aufrechten Rumpf beim Rücklauf des Venenblutes die Schwerkraft überwinden muß, sobald das Blut aus dem Bereich unterhalb des Herzens kommt. Außerdem kann das Gewicht der Eingeweide eine Zugwirkung hervorrufen, so daß diese zum Boden der Bauchhöhle herabsinken; hierdurch entsteht ein direkter Druck auf die Organe, die sich zuunterst im Becken befinden. Vergleicht man Abbildung 20, wo die idealen Verhältnisse im Becken dargestellt werden, mit Abbildung 14, die den tatsächlichen Verhältnissen wahrscheinlich näher kommt, dann kann man

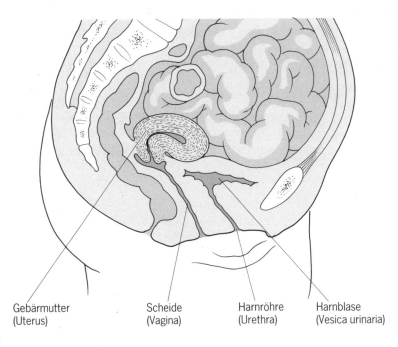

Gebärmutter   Scheide   Harnröhre   Harnblase
(Uterus)   (Vagina)   (Urethra)   (Vesica urinaria)

Abb. 14

sich unschwer vorstellen, daß solch erhöhter Druck viele Unannehmlichkeiten mit sich bringen kann – und Ursache für alle Beschwerden ist der *geschwächte Kreislauf*.

Das gilt für Füße, Beine, Unterleibsorgane, Beckenboden u. a. m. Auch Verstopfung hat mit dem Kreislauf zu tun, und das andauernde Pressen bei trägem Stuhlgang kann weiter dazu beitragen, den Beckenboden zu schädigen; Hämorrhoiden sind darüber hinaus ebenfalls Folge eines unzulänglichen Kreislaufes.

Viele Beschwerden, die aufgrund eines mangelhaften Kreislaufs entstehen, können durch *Venenpumpübungen* günstig beeinflußt werden. Darum lassen Sie uns damit beginnen.

☰ Venenpumpübungen

Die folgenden Übungen sollen den Rücklauf des venösen Blutes zum Herzen fördern. Um das zu erreichen, kann man entweder eine Lage einnehmen, in der das Herz tiefer liegt als der Unterleib (siehe Abb. 15, 16, 17, 18), so daß die Schwerkraft mithilft, oder man kann mit Hilfe von Muskelkontraktionen das Blut zum Herzen pumpen.

Indem man einen Muskel abwechselnd anspannt und entspannt, wird das Blut durch die Venen »gemolken«. Die Venenklappen bewirken, daß das Blut nur zum Herzen hin strömen kann. Man kann beide Methoden gleichzeitig anwenden, wenn man sich niederlegt wie in

Abb. 15

Abb. 16

Abb. 17

Abb. 18

Abbildung 16 dargestellt, die Beine anhebt und langsam »Fahrrad fährt«; die Knie sollen dabei gestreckt sein, so daß die Muskulatur auf der Rückseite der Beine angespannt wird. Legen Sie Ihre geballten Fäuste oder ein Kissen unter die Hüftpartie, damit diese etwas angehoben wird.

Wie oben schon erwähnt, kann man den Druck auch dadurch verringern, daß man sich nach vorn beugt (Abb. 18) und verschiedene federnde Bewegungen durchführt, wodurch die großen Beinmuskeln beansprucht werden.

Pumpübungen, die mit Hilfe des Zwerchfells durchgeführt werden, sind am wirkungsvollsten. Betrachten Sie nochmals Abbildung 2: Das Zwerchfell ist ein großer, flacher Muskel, der im entspannten Zustand einer Kuppel gleicht. Wenn er sich zusammenzieht, flacht er ab und bewegt sich nach unten, wobei er auf den Bauchinhalt drückt. Dabei entsteht ein Überdruck in der Bauchhöhle (der Raum *unter* dem Zwerchfell) und ein Unterdruck in der Brusthöhle (der Raum *über* dem Zwerchfell). Hebt sich das Zwerchfell, so ergeben sich die umgekehrten Verhältnisse. Je stärker die Bewegungen des Zwerchfells sind, desto stärker ist auch die Pumpwirkung – Druck und Sog wechseln sich ab. Diese Übung hat eine noch nachhaltigere Wirkung, wenn gleichzeitig die Schwerkraft mithilft (Abb. 15, 17), so daß das Blut auch in Richtung Herz *fällt*.

Auf Seite 19ff. wird eine Stempelbewegung beschrieben, die geeignet ist, ein Körperbewußtsein zu erwerben und den inneren Raum gefühlsmäßig kennenzulernen. Zwar handelt es sich bei dieser Übung bereits um eine Venenpumpübung, aber ihre Wirkung wird verstärkt, wenn man dabei eine Stellung einnimmt wie in Abbildung 15.

Wenn Sie diese Venenpumpübungen eine Weile durchgeführt haben, werden Sie sich wohler und erleichtert fühlen. Es wird Ihnen auch leichterfallen, die Beckenbodenmuskeln zu erspüren und Impulse sowohl für Spannung als auch für Entspannung auszusenden. Das bedeutet, daß Sie *jetzt* durch das Training einen Gewinn haben werden.

Ein Trainingsprogramm

Da sich erfahrungsgemäß die meisten Patienten am liebsten an ein vorgegebenes Trainingsprogramm halten wollen, möchte ich hier ein solches vorschlagen.

Üben sie z.B. viermal am Tag. Wählen Sie einige dafür geeignete Zeitpunkte und machen Sie sich das Üben zur Gewohnheit. Erinnern Siesich an das Prinzip des Kräftetrainings: maximale Anstrengung, gefolgt von doppelt so langer Pause mit totaler Entspannung der angestrengten Muskelgruppe.

Es ist gleichgültig, in welcher Stellung Sie die Kneifübungen zu den verschiedenen Zeitpunkten ausführen – hier sind vier verschiedene Vorschläge:

Am Morgen können Sie üben, ehe Sie aufstehen.
- Bleiben Sie liegen, beugen Sie die Knie, und stützen Sie zur Kontrolle den Beckenboden mit einer Handfläche.
- Konzentrieren Sie sich auf die »zusammenraffende« Empfindung im Beckenboden, wo gleichzeitig zusammengekniffen, hochgesaugt und zugeschnürt wird. Atmen Sie gleichmäßig.
- Versuchen Sie ca. 5 Sek. lang eine maximale Spannung aufrecht zu erhalten, entspannen Sie dann und ruhen Sie 10 Sek. lang. Das ist zu verkraften. Sie sollten sich in gleichem Maße auf die Anspannung wie auf die Entspannung konzentrieren – nach und nach können Sie dann die Zeitspannen verringern.

Während der Arbeitszeit
- Setzen Sie sich auf einen harten Stuhl und neigen Sie sich leicht nach vorn, so daß sich das Gewicht des Rumpfes genau über der Scheidenöffnung befindet.
- Gehen Sie nun genau so vor wie oben beschrieben: 5 maximale Anspannungen mit doppelt so langen Pausen. In der Pause sollten Sie die Entspannung bewußt erleben können.
- Wenn Sie stärker und ausdauernder geworden sind, verlängern Sie die Zeitspannen schrittweise, bis hin zu 10 Sek. Anspannung und 20 Sek. Entspannung. Konzentrieren Sie sich auf die tiefe und gleichmäßige Atmung.

Auf dem Heimweg z. B. auf dem Fahrrad oder in irgendeinem Verkehrsmittel

– Denken Sie konzentriert an die Wirkung der Muskeln und stellen Sie sich vor, daß sie irgendetwas mit aller Kraft in sich emporsaugen.

– Auch hier gilt: 5 maximale Kraftanstrengungen. Die Ruhepause sollte doppelt so lange sein wie die Zeit der Kraftanstrengung.

Am Abend im Bad

– Der Mittelfinger liegt in der Scheide.

– 5 Kneifübungen von maximaler Stärke und eine doppelt so lange Entspannungspause.

– Provozieren Sie den Scheidenmuskel, indem Sie mit dem Finger fest dagegendrücken. Nehmen Sie eventuell zwei gespreizte Finger und stellen Sie fest, ob die Muskelwände die Finger zusammenpressen können.

– Kontrollieren Sie daran anschließend auch die Entspannung der Muskeln mit den Fingern, so daß auch diese bewußt erlebt wird.

Wann sind Sie stark genug? Sie sind es dann, wenn Sie kontinent sind, und wenn es überhaupt keine Probleme mehr mit dem Beckenboden gibt.

Dazu ein ganz einfacher Versuch: Stellen Sie sich im Badezimmer hin und grätschen Sie die Beine und zwar zu einem Zeitpunkt, zu dem Ihre Blase voll ist und Sie einen starken Harndrang verspüren. Husten Sie nun, so kräftig Sie überhaupt können.

Wenn Ihre Füße bei diesem Versuch trocken bleiben, sind Sie stark genug! Trotzdem wäre es klug, weiterhin ein paarmal am Tag sicherheitshalber Kneifübungen zu machen.

Zusätzlich zu den eigentlichen kräftigenden Übungen ist es auch wichtig, die Muskeln ab und zu durch einen kurzen, schnellen Wechsel zwischen Anspannung und Entspannung zu stimulieren. Sie können Ihre Phantasie zu Hilfe nehmen und sich vorstellen, daß Sie die rechte und linke Seite der Scheide zusammenklappen (wie das Klatschen zweier Handflächen) – eine ganz leichte und schnelle Anspannung, die Sie sofort wieder lösen. Diese Übung wirkt stabilisierend und kreislauffördernd, und Sie können sie so oft wiederholen wie Sie möchten.

Innere Organe

≡ Blase

Es ist sicher gut, gleichzeitig mit dem Bewußtwerden der Muskeln und der zunehmenden Kräftigung des Beckenbodens auch etwas über den Bau und die Funktion der Unterleibsorgane zu erfahren. Interessant ist auch eine Darstellung der physiologischen Verhältnisse beim Harnlassen, und am besten beginnen wir damit, die Blase zu *fühlen!*

Legen Sie Ihre Finger auf die obere Kante des Schambeins und bohren Sie diese in die entspannte Bauchwand hinein – Sie stoßen direkt auf die Blase. Dieser Druck löst umgehend einen Harndrang aus, der augenblicklich wieder aufhört, wenn Sie loslassen. Nun wissen Sie, wo die Blase liegt, daß ein äußerer Druck einen Entleerungsdrang hervorruft und daß eine Aufhebung des Druckes auch den Drang wieder aufhebt.

Ein Druck auf die Blase kann aus verschiedenen Gründen entstehen. Er kann von innen kommen, wenn sich die Blase ausdehnt (eine Blase kann leicht einen halben Liter fassen, ohne daß sich der Druck sonderlich ändert, aber in der Regel entsteht der Entleerungsdrang, wenn sie ca. einen Viertelliter enthält), oder von außen, wie Sie gerade feststellen konnten.

Frauen, die geboren haben, werden sich aus der Zeit ihrer Schwangerschaft daran erinnern, daß die Blase ständig entleert werden mußte. Auch Übergewicht kann hier zu Beschwerden führen – und speziell ein zu hoher Druck im Unterleib (intrapelviner Druck, siehe Seite 33ff.).

Plötzliche Druckänderungen in der Bauchhöhle, wie z.B. bei Husten und Lachen, können für den, der einen schwachen Beckenboden hat, ebenfalls riskant werden. Auch Springen und Laufen können unangenehme Folgen zeitigen. Besonders ungünstig ist der Druck, der beim Heben von schweren Gegenständen entsteht, wenn man sich nicht darauf vorbereitet hat.

Die Blase ist ein Muskel, der sich zusammenziehen kann, um Harn zu entleeren. Wir besitzen keine willkürliche Macht über die Blasenmuskulatur – im Gegensatz zur Skelettmuskulatur, die am Knochengerüst befestigt ist und dazu dient, dieses zu bewegen. Eine solche Muskulatur untersteht dem Willen – wir können sie bewußt anspannen und entspannen. Anders verhält es sich mit der Muskulatur der inneren Organe; diese wird – mehr oder weniger unbewußt – von Gefühlen und der gedanklichen Vorwegnahme von Handlungen beeinflußt.

Wenn der Gedanke aufkommt, die Blase müsse entleert werden (sicherheitshalber...), so wird bei einigen schon allein die Vorstellung des Vorganges ausreichen, um ein Zusammenziehen der Blase zu bewirken. Und wenn die quergestreifte Muskulatur, die den Strom aufhalten kann, nicht stark genug ist, entsteht eine unangenehme Situation: Die Blase entleert sich! Diese Art von Inkontinenz nennt man **Urge-Inkontinenz;** damit ist das unfreiwillige Harnlassen gemeint, das mit einem starken Drang zum Harnlassen verbunden ist. Die Blase zieht sich bei diesem unfreiwilligen Harnabgang zusammen.

Die Urge-Inkontinenz kann nervös bedingt sein – eine ärztliche Untersuchung zur Erhellung eventuell zugrundeliegender Krankheiten ist notwendig. Ein gut trainierter Beckenboden ist *immer* von Vorteil – es gibt allerdings keine Garantie dafür, daß Training allein in diesem Fall ausreicht.

Es ist sicher auch sehr hilfreich, wenn man ein gewisses Selbstvertrauen hinsichtlich der Blasenkontrolle aufbaut. Das kann man z.B. folgendermaßen erreichen: Wenn man weiß, daß man den ganzen Tag zu Hause sein wird, kann man sich vornehmen, die Blase so lange wie möglich *nicht* zu entleeren. Wie schon erwähnt, entsteht der Entleerungsdrang bereits dann, wenn man nur daran *denkt,* auf die Toilette zu gehen; diesen Drang soll man jedoch zu überwinden trachten, indem man zum einen einige wirkungsvolle Übungen durchführt (Venenpumpübung, siehe Seite 36ff.) und sich zum anderen darauf verläßt, daß die Blase beträchtlich mehr Harn fassen kann.

Schieben Sie den Gang zur Toilette möglichst lange hinaus; es hilft hervorragend, wenn man sich selbst davon überzeugen kann, daß es ganz und gar überflüssig ist, die Blase oft zu leeren.

Aus der angeführten Statistik ging hervor, daß in der Gruppe der Inkontinenten 16% an Urge-Inkontinenz und 80% an Streß-Inkontinenz litten.

Streß-Inkontinenz bedeutet: unfreiwilliger Harnabgang bei Druckerhöhung in der Bauchhöhle – wie z.B. bei Husten, Niesen, Heben usw. In diesem Fall zieht sich die Blase bei Harnabgang nicht zusammen. Streß-Inkontinenz läßt sich erfolgreich durch ein Rehabilitationstraining bekämpfen.

≡ Harnröhre

In Abbildung 19 sehen wir die Lage der Blase. Sie liegt – wie Sie auch selbst gerade gespürt haben – am Rande des Schambeines und zwar vor und unter der Gebärmutter.

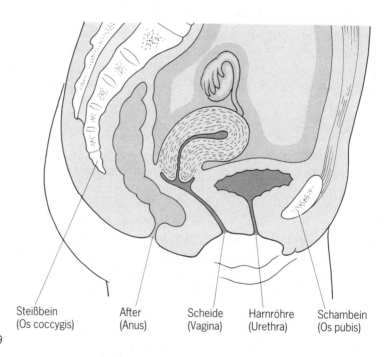

| Steißbein | After | Scheide | Harnröhre | Schambein |
| (Os coccygis) | (Anus) | (Vagina) | (Urethra) | (Os pubis) |

Abb. 19

Die Harnröhre ist ca. 4 cm lang und verläuft ungefähr senkrecht. Von entscheidender Bedeutung für ihre Dichtigkeit ist, daß die Röhre *gestreckt bleibt*. Das ist dann der Fall, wenn die Blase an ihrem angestammten Platz verbleibt. Dies wiederum ist großenteils davon abhängig, ob die Beckenbodenmuskeln leistungsstark sind. Der außen gelegene Teil der Harnröhre wird von einem Ringmuskel geschlossen, der dem Willen unterworfen ist.

Wenn Sie den Schließmuskel der Harnröhre lokalisieren wollen, können Sie folgendermaßen vorgehen: Nützen Sie eine Gelegenheit bei der die Blase gut gefüllt ist und Sie einen kräftigen Strahl zustande bringen, z. B. nach dem Nachtschlaf. Beobachten Sie zuerst, *wo* Sie entspannen, unmittelbar bevor Sie den Harn zu lassen beginnen. Wenn der Harnstrahl ganz in Gang gekommen ist, soll der Wille eingesetzt werden (und damit der Schließmuskel), um den Strahl *vollständig* zu stoppen. Gleichzeitig müssen Sie sich darauf konzentrieren, wo Sie anspannen um abzuschließen. Das ist vielleicht nicht so einfach, aber versuchen Sie es trotzdem ab und zu, um die genaue Stelle zu lokalisieren und um sich des Schließmuskels bewußt zu werden, damit dieser trainiert werden kann.

Wenn der Schließmuskel so stark ist, daß Sie einen kräftigen Strahl bewußt unterbrechen und die Harnröhre vollständig abschließen können, dann ist das ein Zeichen dafür, daß Ihr Beckenboden gut funktioniert.

Bei der Entleerung ändert sich sowohl die Form als auch die Lage der Blase; gleichzeitig erweitert sich der obere Teil der Harnröhre, so daß das Ganze zusammen einen Trichter bildet. Ferner senkt sich der Beckenboden automatisch, wobei sich die Harnröhre anspannt und verkürzt. Auf Abbildung 19 sieht man die Harnröhre in ihrer ganzen Länge, wohingegen sie auf Abbildung 20 hinter den Muskeln verborgen ist, die wie eine Schüssel den ganzen Beckenboden bedecken und die Organe stützen. Diese Organe sind zwar durch Sehnenbänder verankert, aber sie müssen darüber hinaus ordentlich *gestützt* werden.

Aus Abbildung 19 geht deutlich hervor, daß sich Blase und Gebärmutter durch ihre Lage gegenseitig beeinflussen. Die Hinter-

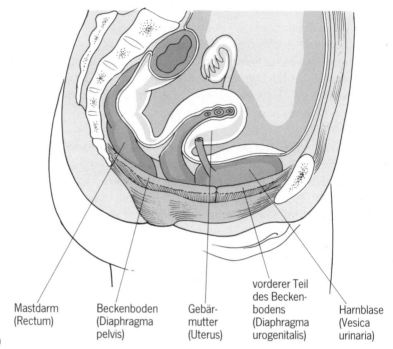

Mastdarm	Beckenboden	Gebär-	vorderer Teil des Becken-bodens	Harnblase
(Rectum)	(Diaphragma pelvis)	mutter (Uterus)	(Diaphragma urogenitalis)	(Vesica urinaria)

Abb. 20

wand der Harnröhre ist mit der Vorderwand der Scheide verwachsen, was zur Folge hat, daß die Blase »kentert«, wenn die Gebärmutter vorfällt. Auf Abbildung 21 kann man erkennen, wie sie gemeinsam Schiffbruch erlitten haben. Wenn Sie Abbildung 19 zum Vergleich heranziehen, können Sie feststellen, wie die Gebärmutter ihre Lage verändert hat und die Blase gekippt ist, so daß deren Hinterwand nun tiefer liegt als die Ausmündung der ganz schlaffen Harnröhre. Das hat zur Folge, daß die Blase nicht vollständig geleert werden kann, was seinerseits einen Nährboden für Bakterien bereitet.

Die Ursache all dieser Beschwerden ist immer wieder der schwache und schlaffe Beckenboden, der die Organe nicht seiner Bestimmung entsprechend stützt.

Abbildung 22 zeigt die Perspektive eines fortschreitenden Prozesses, bei dem ein zu geringer Widerstand dem anhaltenden Druck

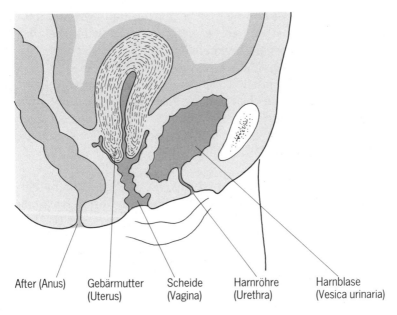

Abb. 21

After (Anus)   Gebärmutter   Scheide   Harnröhre   Harnblase
                (Uterus)   (Vagina)   (Urethra)   (Vesica urinaria)

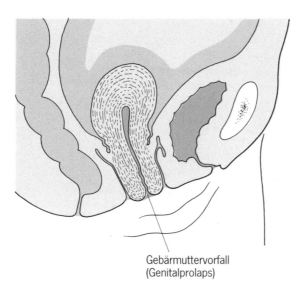

Gebärmuttervorfall
(Genitalprolaps)

Abb. 22

nicht standhalten kann: die Gebärmutter »fällt vor« (prolabiert). Die Harnröhre ist dabei konstant schlaff, und es ist wahrscheinlich zu spät, den Beckenboden wiederherzustellen.

Das Problem stellt sich so dar: Es gilt ein Gleichgewicht zwischen dem Druck von oben und der Kraft von unten aufrechtzuerhalten (oder wiederherzustellen). Hier gilt dieselbe Regel wie bei jeder Arbeitstechnik: Die Belastung darf die Widerstandskraft nicht überschreiten. Deshalb ist auch das Rezept das gleiche:

1. **Mildern Sie die Belastung** (wie auf Seite 33ff. beschrieben).
2. **Verstärken Sie den Widerstand** durch Beckenbodentraining.

Die Muskeln im Beckenboden

Die Beckenbodenmuskulatur ist äußerst kompliziert, da ihre Muskeln nach allen Richtungen hin verlaufen. Alle sind jedoch dem Willen unterworfen.

Von oben gesehen besteht der Beckenboden aus einer schüsselförmigen Muskelplatte, die in verschiedene Richtungen verläuft (Abb. 23). Diesen Teil des Beckenbodens nennt man Diaphragma pelvis. In der seitlichen Ansicht zeigt der Beckenboden das Bild eines Trichters, der sich zum After hinzieht (Abb. 24). Wenn man den Verlauf der Fasern betrachtet, kann man verstehen, daß der Beckenboden imstande ist, sich kräftig zu heben.

Schauen wir uns nochmals Abbildung 23 an. Beachten Sie besonders die Muskelpartie, die sich vom Schambein zum Steißbein erstreckt. Harnröhre und Scheide treten durch eine Spalte in der Muskulatur (Levatorspalte), mit der sie fest verbunden sind. Daraus läßt sich schließen, daß ein Training dieses Muskels neben dem Harn-

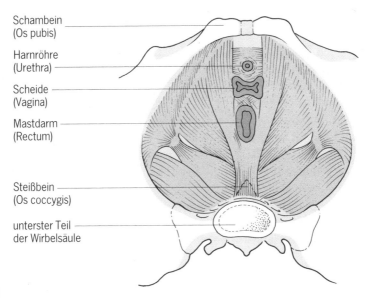

Schambein
(Os pubis)

Harnröhre
(Urethra)

Scheide
(Vagina)

Mastdarm
(Rectum)

Steißbein
(Os coccygis)

unterster Teil
der Wirbelsäule

Abb. 23

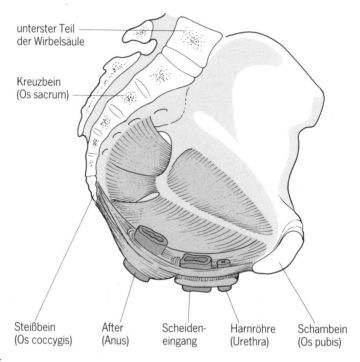

unterster Teil
der Wirbelsäule

Kreuzbein
(Os sacrum)

Steißbein   After   Scheiden-   Harnröhre   Schambein
(Os coccygis)   (Anus)   eingang   (Urethra)   (Os pubis)

Abb. 24

lassen auch für die Sexualfunktion von Bedeutung ist, weil er beim Zusammenziehen sowohl die Harnröhre als auch die Scheide strafft.

Auf Abbildung 25 sehen wir den Beckenboden von unten. Den nach hinten gelegenen Teil – das Gebiet um den Mastdarm – haben Sie in Abbildung 23 von oben her gesehen; der nach vorn gelegene Teil mit Harnröhre und Scheide stellt eine zusätzliche »Verstärkung« dar. Der vordere, schwächste Teil des Beckenbodens ist mit einer doppelten Sicherung ausgestattet. Hier können Sie den Schließmuskel der Harnröhre erkennen, der ein selbständig verlaufender Ringmuskel ist. Am Schambein entspringen allerdings auch Muskelfasern, die ringförmig Harnröhre und Scheide umgeben.

Man muß die komplizierte und geniale Konstruktion dieses »doppelten Bodens« – mit Muskeln, die kreuz und quer und schräg

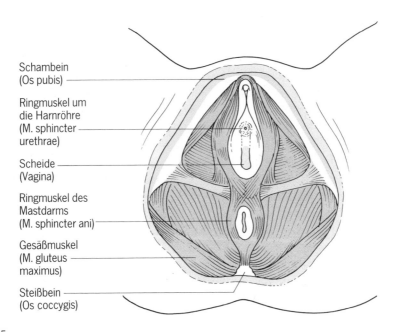

Schambein
(Os pubis)

Ringmuskel um
die Harnröhre
(M. sphincter
urethrae)

Scheide
(Vagina)

Ringmuskel des
Mastdarms
(M. sphincter ani)

Gesäßmuskel
(M. gluteus
maximus)

Steißbein
(Os coccygis)

Abb. 25

verlaufen – bewundern; wenn man Abbildung 25 betrachtet, kann man die gesamte Bewegungsfunktion im Beckenboden ermessen: hebend, zum Mittelpunkt hin sammelnd und abschnürend.

Sie können die Bewegung der Beckenbodenmuskeln in ihrer Gesamtheit mit den Händen spüren, wenn Sie eine Stellung einnehmen wie in Abbildung 26 gezeigt, d.h. wenn Sie die Hüftpartie vom Fußbo-

Abb. 26

den heben. Die Handflächen reichen gerade aus, um damit den gesamten Beckenboden zu bedecken – die eine Hand soll von unten kommen, die andere von oben, so daß sich die Fingerspitzen berühren können. Man kann diesen Versuch ebenso im Stehen durchführen; dann allerdings trägt der Beckenboden das Gewicht der Eingeweide und ist aus diesem Grund leicht gedehnt – d. h. er wölbt sich nach unten. In der auf Abbildung 26 gezeigten Stellung, bei der der Beckenboden nicht beansprucht ist, kann es zu größeren Bewegungsausschlägen kommen, wenn Sie das Verfahren, mit dem Sie bereits vertraut sind (siehe Seite 22) wiederholen. Halten Sie den Atem an und pressen Sie das Zwerchfell nach unten (Bauchpresse) – wenn der Rahmen rundherum fest ist, gibt der Beckenboden elastisch nach. Sie bewirken mit diesem Vorgehen einen besonders deutlichen Bewegungsausschlag.

Im Anschluß daran erfolgt die Gegenbewegung, bei der man mit Hilfe der Muskeln, die die Rippen heben, das Zwerchfell maximal anhebt. Die Vorderseite (Bauch) bewegt sich passiv nach innen. Versuchen Sie den Beckenboden nach oben zu ziehen und erspüren Sie (eventuell gleichzeitig) mit den Händen, ob es Ihnen gelingt.

Nach dieser kurzen Übersicht über die gesamte Konstruktion des Beckenbodens wollen wir – da sich dieses Buch ja mit der Inkontinenz beschäftigt – unser Interesse speziell auf die Muskulatur um die Harnröhre herum richten und kurz zusammenfassen:

In unmittelbarer Nähe der Blase tritt die Harnröhre durch die Levatorspalte, welche das Schließvermögen willkürlich beeinflussen kann und den obersten Teil der Harnröhre hält. Etwas tiefer wird die Harnröhre vom Schließmuskel umschlossen, der ebenfalls willentlich gesteuert werden kann. Es gibt also mehrere Kräfte, die gemeinsam dem Strom Einhalt gebieten können. Daher kann es wirklich lohnenswert sein, seine Kräfte beim Training einzusetzen.

Der angespannte Beckenboden

Immer mehr Frauen suchen ihren Arzt auf, weil sie unter Schmerzen leiden, deren Ursache in einem *angespannten* Beckenboden zu suchen ist. Deshalb möchte ich hier auf dieses spezielle Problem näher eingehen.

In den bisherigen Ausführungen ging es überwiegend darum, einen schlaffen und schwachen Beckenboden zu trainieren, mit dem Ziel, Streß-Inkontinenz zu vermeiden; es gibt allerdings auch Frauen, die das entgegengesetzte Problem haben: die Muskulatur ist angespannt – es herrscht also ein ständiger Spannungszustand. Somit besteht nicht nur Bedarf an Unterweisung, die sich das Muskeltraining zum Ziel gesetzt hat; es ist auch ein Unterricht notwendig, der die Verminderung von Spannung anstrebt.

Zielsetzung ist, ein besseres Körpergefühl und ein natürliches Gleichgewicht zwischen Spannung und Entspannung zu finden. Was wir wünschen, ist eine gesunde Muskulatur, die sowohl die erforderliche Stärke aufbringen als auch vollständig entspannen kann.

Ein Muskel ist etwas Lebendiges. Er kann sich anspannen und entspannen – sowohl bewußt als auch unbewußt. Er kann in einem Spannungszustand verbleiben, und er kann andauernd schlaff sein. Er kann stark oder schwach sein. Aber es ist leider auch möglich, daß ein schwacher Muskel ständig angespannt ist, und *das* ist eine ungünstige Konstellation, denn auch eine geringe Spannung, die längere Zeit andauert ist schlecht. Sie kennen sie vom »Schulterjoch«, den angehobenen Schultern und Verspannungen im Nacken, die eine Myositis verursachen. In allen Muskeln – also auch in denen des Beckenbodens – kann eine Myositis entstehen, wenn eine ständige Spannung herrscht.

Es gibt sowohl seelische als auch körperliche Gründe für eine Dauer-Spannung. Ein Beispiel für einen Spannungszustand im Beckenboden mit seelischer Ursache ist der Vaginismus. Hierbei handelt es sich um einen krampfartigen Zustand der Muskeln, die die Scheide umgeben; die Ursache davon ist meist Angst. Der Vaginismus verhindert ein normales Geschlechtsleben. Seine Behandlung besteht einerseits in der Auseinandersetzung mit der Angst; andererseits muß eine Unterweisung in der Entspannungstechnik sowie eine Schulung zum Gebrauch der Muskeln erfolgen.

Eine körperliche Ursache für das Angespanntsein der Beckenbodenmuskulatur kann unter anderem eine schlechte Sitzhaltung sein. Wenn Sie mit fest zusammengepreßten Beinen sitzen, beeinträchtigen Sie die Durchblutung. Wenn Sie ständig mit übergeschlagenen Beinen sitzen und dadurch sowohl den Kreislauf behindern als auch eine Schiefstellung des Beckens bewirken, dann kann auch das einen Spannungszustand hervorrufen. Auch ein Stuhl mit Rädern, der die ganze Zeit an seinem Platz festgehalten werden muß, kann für die Anspannung mitverantwortlich sein. Wenn Sie obendrein noch nervös sind – also allgemein angespannt – dann werden die physischen Ursachen noch von solchen psychischer Art verstärkt.

Es gibt darüber hinaus noch mehr Ursachen. Viele Frauen, die fast den ganzen Tag heben und tragen müssen, kneifen »sicherheitshalber« ununterbrochen. Dazu kommen noch alle Unterleibs- und Harnwegs-Leiden.

Nach den Erfahrungen des Gynäkologen TORBEN VON HERBST und der Psychologin ERIKA VON HERBST, die speziell mit Stärkemessungen der Beckenbodenmuskulatur arbeiten, gibt es viele Ursachen für Angespanntheit. Bei Unterleibsleiden besteht oft eine andauernde Spannung – ebenso bei Ausfluß. Dasselbe gilt für Blasenentzündungen und ganz allgemein für schmerzhafte Zustände und Irritationen. Man spannt den Beckenboden schon allein aus Abwehr an.

TORBEN VON HERBST betont eine besondere Ursache für starke Anspannung: schlechte Gewohnheiten beim Harnlassen.

☰ Gewohnheiten beim Harnlassen

Einige Frauen lassen den Harn zu oft – andere verhalten ihn zu lange. Letzteres kommt zum Beispiel dann vor, wenn man die Benützung der Toilette am Arbeitsplatz vermeiden will und deshalb wartet, bis man nach Hause kommt. TORBEN VON HERBST erwähnt als Beispiel auch ältere Damen, die den Gang zur Toilette ganz vergessen, wenn sie beim Bingo-Spiel sind. Wenn sie sich dessen plötzlich bewußt werden, können sie die Toilette nicht mehr rechtzeitig erreichen. Der Arzt rät zu regelmäßigem Harnlassen – bei älteren Frauen ca. jede 3. Stunde. Es gibt aber auch Frauen, die ständig einen Harndrang verspüren – sie spannen dann an, um diesen zu unterdrücken. Der Grund dafür ist, daß sie sich dann, wenn sie auf der Toilette sind, nicht genug Zeit nehmen, ihre Blase vollständig zu entleeren. Es hat sich ihrem Bewußtsein gewissermaßen eingeprägt, daß die Toilette ein Ort ist, an dem man sich beeilt.

Draußen warten andere. Die Pause ist kurz. Und so verwendet man die Bauchpresse, damit es schneller geht.

Genauso wie man gute Eßgewohnheiten gelernt hat, kann man auch zu guten Harnlassungsgewohnheiten erzogen werden. Gute Gewohnheiten sind: Regelmäßigkeit. Sitz ordentlich! Vermeide die Anwendung der Bauchpresse! Entspanne! Laß dir Zeit! Entleere die Blase vollständig!

Wenn eine Blase über längere Zeit nicht gründlich entleert wurde, ändern sich die Reflexe. Das bedeutet, daß, wenn Sie sich niedersetzen, entspannen und den Harn lassen, die Anregung aufhört, sobald die übliche Menge Harn ausgelaufen ist. Deshalb sollten Sie warten. Sie sind noch nicht fertig, aber die Blase braucht Zeit, um sich auf Ihre neuen Gewohnheiten einzustellen. Wenn Sie zu denen gehören, die ihren Harn schnell lassen, die die Bauchpresse anwenden und plötzlich aufhören zu pressen, dann brauchen Sie eine Weile, um neue Gewohnheiten zu bilden. Die Blase ist darauf eingestellt, die Entleerung nach einer kurzen Periode zu stoppen.

Einige entspannen am besten, wenn sie zurückgelehnt sitzen – der Vorteil dieser Haltung besteht darin, daß die Verwendung der Bauchpresse ausgeschlossen wird. Andere ziehen es vor, vornübergebeugt zu sitzen und den Kopf zwischen den Händen zu halten. Das ist eine gute Ruhestellung, aber Sie müssen achtgeben, daß Sie *nicht* die Bauchpresse anwenden (woran Sie vielleicht gewöhnt sind).

Es wäre sinnvoll, gerade die Situation des Harnlassens auszunützen, um die Entspannung des Beckenbodens zu üben. Konzentrieren Sie sich darauf, *wo* sie loslassen, was es ist, was Sie sein lassen. Sie sollen nicht aktiv sein, nicht pressen, bloß nachgeben und sich fallen lassen. Geben Sie sich diesem Prozeß anheim und genießen Sie ihn. Wenn Sie glauben fertig zu sein, dann bleiben Sie trotzdem sitzen und entspannen Sie weiterhin. Nach einer Weile kommt noch ein bißchen Harn nach. Bleiben Sie immer noch sitzen und entspannen Sie weiterhin, bis Ihre Blase vollständig entleert ist – jetzt ist alles in Ordnung.

Das war kein aktiver Einsatz – nicht *Sie* waren es, die die Blase entleert haben, sondern die Blase hat sich entleert, weil Sie die Umstände auf die beste Art geordnet haben. Wenn Sie sich vornehmen, sich bei jedem Toilettenbesuch auf die Entspannung der Muskeln des Beckenbodens zu konzentrieren, dann üben Sie automatisch einige Male pro Tag. Nach und nach bildet sich eine Gewohnheit aus, über die Sie gar nicht mehr nachdenken. So soll es sein.

Wie Sie gelesen haben, gibt es viele Gründe für Muskelspannungen im Beckenboden, und dieses Problem hat es wohl immer gegeben. Aber wenn plötzlich von medizinischer Seite gemeldet wird, daß die Zahl der Patienten mit angespanntem Beckenboden im Zunehmen begriffen ist, müssen alle, die Unterricht geben, aufhorchen. Woher kommt diese Zunahme? Ich kann mich des Gedankens nicht erwehren, daß sie dem großen Interesse für Beckenbodenübungen in den letzten Jahren zuzuschreiben ist. Der Beckenboden ist – wenn ich so sagen darf – in den Blickpunkt des Interesses gerückt. Es ist »in«, Kneifübungen zu machen, und darin liegt auch die Möglichkeit für Mißverständnisse: vielleicht wird zu viel Energie aufgebracht, vielleicht werden die Zusammenhänge zu wenig verstanden, vielleicht reichen die Informationen nicht aus. Vielleicht hat man zu großes Gewicht auf die Kneifübungen und zu wenig Gewicht auf Entspannung und Körpergefühl gelegt. Deshalb will ich etwas ausführlicher darüber schreiben.

☰ Entspannung

Wir können ganz bewußt anspannen und entspannen, und was man bewußt tun kann, kann man auch verfeinern. Wir können die Fähigkeit, Impulse zur *Beendigung* der Anspannung auszusenden, üben – es handelt sich dabei um die sogenannten hemmenden Impulse.

Das Hinführen zu einem bewußten Körpergefühl ist eines der Ziele beim Entspannungsunterricht. Hierin kann der Anfang liegen, sich selbst auf eine neue Art und Weise kennenzulernen – mit all seinen Hemmungen und nicht erkannten Möglichkeiten. Es geht darum, ein Gefühl für den Spannungsgrad der Muskeln zu entwickeln und dabei gefühlsmäßige Erfahrungen zu sammeln. Bei abwechselndem Anspannen und Entspannen eines Muskels erlebt man die Kontrastwirkung. Allmählich lassen sich auch verschiedene Spannungsgrade deutlich unterscheiden, nämlich ob man viel, wenig oder gar nicht anspannt.

Wenn es sich um die Muskeln des Armes handelt, läßt sich der Spannungsgrad wesentlich leichter erkennen als bei den Muskeln des Beckenbodens. Bezüglich des Armes haben wir eine ganz andere Erfahrungsgrundlage – wir können den Arm *sehen,* und dessen Muskeln bewegen Glieder.

Ballen Sie die Faust, beugen Sie den Ellbogen, *spannen* Sie den ganzen Arm an. Spannen Sie ihn ein bißchen weniger an, noch ein bißchen weniger und noch ein bißchen weniger, und lassen Sie ihn dann ganz schlaff herabfallen. Das war ja leicht genug! Aber nun geht es darum, dieses Verfahren auf den Beckenboden zu übertragen. Das ist gleich viel schwieriger, weil diese Muskeln keine Glieder bewegen und wir sie auch nicht sehen können. Aber wir sind gezwungen, ganz bewußt gefühlsmäßige Erfahrungen mit der Minderung von Spannung zu machen.

Als erstes müssen wir den Druck gegen den Beckenboden vermindern, und vielleicht empfiehlt es sich, wenn Sie eben jetzt das Kapitel über den Druck im Becken und die Venenpumpübungen noch einmal lesen (siehe Seite 33).

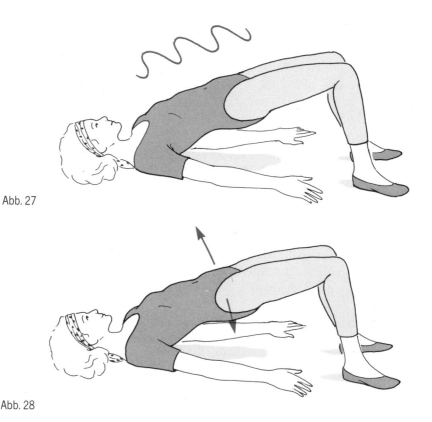

Abb. 27

Abb. 28

Ich schlage vor, daß Sie sich auf den Rücken legen. Sehen Sie sich die Zeichnung (Abb. 27) an. Pressen Sie die Füße, Arme und Nacken an den Boden, und heben Sie die ganze Mittelpartie in die Höhe. Auf diese Weise kommt das Herz tiefer als die Bauchhöhle zu liegen, wodurch der Kreislauf entlastet wird. Ebenso entlasten Sie den Beckenboden, weil die inneren Organe zurückrutschen. Diese Stellung ist insgesamt sehr günstig um Venenpumpübungen vorzunehmen. Nun rütteln Sie den Körper von der einen zur anderen Seite, und danach »hüpfen« Sie mit der ganzen Mittelpartie auf und ab (Abb. 28). Tun Sie dies so lange wie möglich und machen Sie diese beiden Übungen wechselweise.

Abb. 29

Abb. 30

Danach legen Sie sich wieder auf den Rücken. Schieben Sie ein Kissen unter die Hüftpartie, so daß der Unterleib etwas höher als das Herz zu liegen kommt. Nun radeln Sie, schütteln die Beine und kreisen mit den Fußknöcheln – lassen Sie sich alle möglichen Bewegungen einfallen, während die Beine höher liegen als das Herz (Abb. 29, 30).

Jetzt sind Sie darauf vorbereitet, sich mit den Muskeln des Beckenbodens zu beschäftigen, denn wenn der innere Druck gegen den Beckenboden verringert ist, ist es erfahrungsgemäß leichter, dorthin Impulse zu senden.

≡ Atmung

Sie sollen so bequem wie möglich liegen. Vielleicht brauchen Sie eine kleine Schlummerrolle im Nacken – jedenfalls sollten Sie ein dickes Kissen unter den Knien haben, damit die Lende entlastet wird. Lassen Sie die Knie locker nach auswärts fallen (Abb. 31).

Versuchen Sie sich ganz der Schwere anheimzugeben und atmen Sie tief aus. Nichts darf Sie beengen – weder äußerlich noch innerlich.

Stellen Sie fest, ob Sie Ihren Beckenboden spüren können, ob Sie ihn lockerlassen können. Sie sollen sich offen und leer fühlen, so als ob Sie sich selbst ganz losließen. Angespannten Menschen fällt es weitaus schwerer loszulassen als festzuhalten. Liegend sollen Sie Ihr tiefes Atemholen erleben. Der Bauch hebt sich, die Seiten weiten sich, die Lenden drücken auf den Fußboden und der Beckenboden gibt nach.

Abb. 31

Stellen Sie sich den ganzen Bereich, der unterhalb des Zwerchfells liegt, als einen großen Sack vor, der sich in alle Richtungen hin
erweitert, indem sich das Zwerchfell senkt und die Luft in die Lungen
strömt. Wenn die Luft beim Ausatmen wieder ausströmt, kehrt alles
wieder in seine Ausgangsposition zurück. Sie werden unablässig durch
ein Zu- und Abnehmen umgestaltet. Nicht Sie sind es, die Atem holen –
es atmet Sie!

Legen Sie eine Handfläche auf Ihren »Boden«, und fühlen Sie
diese ganz kleine Bewegung. Vielleicht gelingt es Ihnen sitzend noch
besser. Setzen Sie sich auf einen gepolsterten Stuhl, zurückgelehnt und
mit runden Schultern. Stecken Sie Ihre rechte Hand unter sich, so daß
Sie auf der Handfläche sitzen; diese kann gerade den ganzen Boden
bedecken.

Entspannen Sie und atmen Sie tief und ruhig. Stellen Sie fest,
wie die Hand jedesmal, wenn der Bauch sich vorwölbt, einen leichten
Druck merken kann. Erleben Sie, wie beides immer gleichzeitig auf-
tritt. Wieder handelt es sich nicht um etwas, das Sie machen – es ist
etwas, das mit Ihnen geschieht.

Wenn es Ihnen schwerfällt, alle Spannungen zu lockern, dann
können Sie versuchen, ob es eventuell leichter geht, wenn Sie auf dem
Bauch liegen. Auch dabei müssen Sie sich mit Kissen und Schlummer-
rollen einrichten. Vielleicht nehmen Sie nur ein sehr großes Kissen
(Abb. 32), so daß Sie absolut gut liegen. Mit »gut« meine ich eine Lage,
in der Sie sich selbst ganz loslassen können.

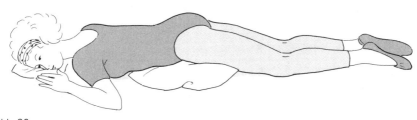

Abb. 32

Seufzen löst Schultern und Brustpartie – ein *Stöhnen* löst das Zwerchfell und gleichzeitig die Muskeln der Lenden und des Bauches. Versuchen Sie, ob es Ihnen gelingt, das Stöhnen mit der Entspannung des Bodens zu verbinden. Spannen Sie zuerst an und atmen Sie danach *tief* aus, indem Sie entspannen. Es hilft Ihnen, wenn Sie diesen Vorgang *hören* können; auf diese Art erleben Sie die Entspannung besser. Diese Übung läßt sich besser durchführen, wenn man allein ist, denn da kann man ohne Hemmungen stöhnen.

Sie werden nicht viel von der Bewegung merken, Sie können sie vielleicht nur ahnen. Es gibt jedoch eine Möglichkeit, um ganz sicher festzustellen, wie der Beckenboden an der Bewegung des Atemholens beteiligt ist. Diese will ich nun beschreiben, obwohl ich bedauere sagen zu müssen, daß man diese Stellung nicht einnehmen kann, falls man einen langen Leib und kurze Arme hat. Im umgekehrten Fall klappt es jedoch sehr gut.

Sehen Sie sich Abbildung 33 an. Sie liegen auf der Seite und winkeln das oben liegende Bein an. Der obere Arm liegt längs des Rückens, der unten liegende längs des Bauches. Die Hände sind gefaltet und bedecken genau den ganzen Boden.

Da liegen Sie nun – ganz entspannt – und erleben Ihr tiefes Atemholen.

Dieser Versuch gelingt am besten nach einer Anstrengung, die Sie atemlos gemacht hat: Seilspringen, Trimmlauf oder ähnliches. Dann sind die Atembewegungen nämlich groß. Es wogt in Ihnen. Und weil

Abb. 33

der obere Arm die Bewegung der Lenden und der untere die des Bauches hemmt, gibt der »Boden« um so mehr nach.

Nach dieser Übung werden Sie keine Zweifel mehr darüber hegen, daß der Beckenboden ein Teil Ihrer Ganzheit ist.

Frauen der älteren Generation, die sich nicht viel bewegen, nicht tanzen oder zur Gymnastik gehen und vielleicht gelernt haben, daß es nicht zum guten Ton gehört, mit den Hüften zu schwingen, würden besonders von solchen Kursen profitieren, in denen man Verspannungen im gesamten Hüftgebiet lockert und in denen man Dehnungsübungen macht, so daß die Beweglichkeit gesteigert wird. Im übrigen sollte das ganze Beckengebiet (Hüfte und Lende) gut durchgearbeitet werden, um diesen Teil des Körpers mehr bewußtzumachen.

Der männliche Beckenboden

Obwohl dieses Buch die Inkontinenz bei Frauen zum Thema hat, sollen – aufgrund von Reaktionen auf frühere Artikel zu diesem Thema – an dieser Stelle einige allgemeine Bemerkungen über den männlichen Beckenboden hinzugefügt werden.

Wenn man nur die Anatomie betrachtet, gilt für beide Geschlechter im wesentlichen das gleiche Prinzip. Der männliche Beckenboden ist jedoch – wie auf Seite 13 erwähnt – stabiler da er kleiner und nur an zwei Stellen unterbrochen ist.

Der männliche Beckenboden ist weniger belastet, nicht nur, weil er keiner Schwangerschaft und Geburt ausgesetzt ist, sondern auch weil weniger Organsenkungen vorkommen. Vergleichen Sie das Profil eines übergewichtigen Mannes mit dem einer übergewichtigen Frau. Der Bauch des Mannes wölbt sich oberhalb der Beckenpartie nach vorn – der der Frau sinkt nach unten (Abb. 34). Dennoch kann der Mann Probleme mit zu häufigem Wasserlassen haben und aus einem Training der Beckenbodenmuskulatur seinen Nutzen ziehen.

Ein anderes, relativ häufig vorkommendes männliches Problem, sind Hämorrhoiden – Zeichen eines geschwächten Kreislaufs; deshalb sind Venenpumpübungen auch für Männer außerordentlich nützlich. Deren Wirkung auf den Kreislauf ist nicht nur für Verdauung und Hämorrhoiden von Bedeutung, sie kommt auch sämtlichen Organen im Becken zugute.

Eine leichte und nützliche Venenpumpübung, speziell im Hinblick auf Beckenboden und Hämorrhoiden, ist folgende:

Sitzen Sie aufrecht, spannen Sie die Gesäßmuskeln an (je fester desto besser) und versuchen Sie den Beckenboden mitzunehmen. Sie sollen spüren, wie Sie gleichsam ein wenig gehoben werden. Entspannen Sie wieder, so daß sich das Gesäß abflacht. Führen Sie diese Übung ungefähr 10mal rhythmisch durch, so daß Sie die Pumpwirkung als prickelnde Wärme spüren.

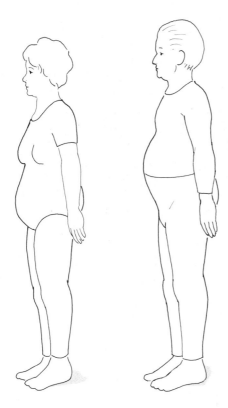

Abb. 34

Nachwort

Aus den bisherigen Ausführungen geht hervor, daß ohne Aufklärung und ohne Training die meisten Frauen einem Alter mit Inkontinenz und dem sich daraus ergebenden physischen und psychischen Ungemach entgegensehen müssen. Das ist ein deprimierender Gedanke, den zu akzeptieren ich mich weigere. Seitdem ich mich mit diesem Thema beschäftige, habe ich darüber nachgegrübelt, *warum* die Dinge so sind. Irgendwo muß ein Fehler liegen. Wenn das Problem so gravierend ist, dann deutet etwas darauf hin, daß der überbeanspruchte Beckenboden der Preis für die aufrechte Körperhaltung des Menschen ist, und daß dieser Preis von dem in dieser Hinsicht schwächeren Geschlecht bezahlt wird. Die unzureichende Widerstandskraft kann zum Teil eine Folge des mangelhaften oder einseitigen Gebrauchs der Beine sein; vielleicht ist sie auch dem Aufwachsen in einem Kulturkreis zuzuschreiben, der keine Tradition in der Ausbildung einer Liebeskunst hat.

Die Statistik bestätigt, daß die Angaben des Lehrbuchs korrekt sind, in dem steht: »Ca. 50% aller Frauen lassen unfreiwillig kleine Mengen Harn ...«, aber es bedeutet eine Vernachlässigung der naturgegebenen Mittel, wenn das Beckenbodentraining nicht als Behandlungsmethode angeführt wird. Das Verschweigen des Problems hat zur Folge, *daß es nicht gelöst wird.*

Der vermutete Fehler kann somit unter vier Aspekten dargestellt werden:
- zu große Belastung
- zu geringe Widerstandskraft
- Vernachlässigung der naturgegebenen Besserungsmöglichkeiten
- Verschweigen des Problems

Jeder dieser vier Aspekte kann verändert werden:
- Die Belastung kann mit Hilfe von Venenpumpübungen herabgesetzt werden.
- Die Widerstandskraft kann durch wirksames Training erhöht werden, so daß die Belastung gering gehalten wird.

– Die der Natur zur Verfügung stehenden Mittel sind dadurch gewürdigt und in Anspruch genommen worden.

– Das Stillschweigen wird gebrochen, wenn man Aufklärung betreibt und Unterricht erteilt, und wenn Sie selbst weitererzählen, wie Ihr eigenes Training sich positiv ausgewirkt hat.

Daraus ergibt sich die Folgerung, daß Sie als betroffene Frau – und nicht die Ärzte – das Inkontinenzproblem lösen müssen. Mit diesem Buch und der hier beschriebenen Methode sollte es möglich sein, das Problem in den Griff zu bekommen.